Neue
Kleine Bibliothek 131

Rolf Verleger

Israels Irrweg

Eine jüdische Sicht

PapyRossa Verlag

2., aktualisierte und erweiterte Auflage

© 2009 by PapyRossa Verlags GmbH & Co. KG, Köln
Luxemburger Str. 202, D-50937 Köln
Tel.:   ++49 (0) 221 – 44 85 45
Fax: ++49 (0) 221 – 44 43 05
E-Mail: mail@papyrossa.de
Internet: www.papyrossa.de

Umschlag: Willi Hölzel, Lux siebenzwo
Druck: Interpress

Die Deutsche Bibliothek verzeichnet diese Publikation in der
Deutschen Nationalbibliografie; detaillierte bibliografische
Daten sind im Internet über http://dnb.ddb.de abrufbar

ISBN 978-3-89438-394-7

Inhalt

Einleitung

»Mit Empörung und Abscheu habe ich Ihr Interview ... gelesen. ... Aus ihrer israelfeindlichen und antizionistischen Haltung haben Sie ja nie einen Hehl gemacht. ... Ich wünsche Ihnen niemals Terroristen als Nachbarn. Vielleicht wäre eine solche Erfahrung aber hilfreich.«[1]

»Ihr Schreiben ... ist eine angenehme Überraschung, auf die ich lange gewartet habe. ... Ich frage meine jüdischen und israelischen Freunde, ob sie bereit wären, das zu erdulden, was wir Israelis den Palästinensern antun. Es ist an der Zeit umzudenken und die Juden in Deutschland zum Umdenken aufzufordern.«[2]

»Es war für mich doch sehr befremdend, dass ein jüdischer Mann in Ihrer Position öffentlich gegen Israel spricht. Bitte verstehen Sie mich nicht falsch, ich verurteile es keinesfalls, ich möchte es einfach nur verstehen.«[3]

Jüdisch zu sein und pro-israelisch zu sein, das gehört in den Augen vieler Menschen – Juden wie Nicht-Juden – zusammen. Daher ernten Juden, die sich »gegen Israel« äußern, heftige Reaktionen, die von erbitterten Verwünschungen über verblüfftes Erstaunen bis zu aufrichtiger Erleichterung reichen. Und in der Tat sprechen alle diese Reaktionen ein schwieriges Thema an: Was bedeutet es, Jude zu sein?

---

1   e-mail eines Funktionsträgers einer großen jüdischen Gemeinde an mich, 10.8.2006, vom Sekretariat des Zentralrats der Juden in Deutschland an eine lange Liste jüdischer Funktionsträger per e-mail weiterverbreitet, 11.8.2006

2   e-mail eines jüdischen Deutschen an mich, 10.8.2006

3   Brief einer Lübeckerin an mich, 29.8.2006

Was bedeutet es, pro-israelisch zu sein? Muss man als Jude nicht in einer genau festgelegten Weise pro-israelisch sein? Wenn man dies nicht ist: Was bleibt dann noch von der jüdischen Identität? Auf diese Frage soll dieses Buch eine Antwort geben.

Eine solche Antwort kann nur eine persönliche Antwort sein. Denn es geht darum, wie ich das Judentum erfahren habe, welche Traditionen und Werte mir wichtig sind und welche Werte mir weniger wichtig sind. Weil es nur persönliche Antworten auf solche Fragen nach Werten gibt, kann meine Antwort vielleicht anderen Deutschen helfen, ihre eigenen Antworten in dieser verworrenen Frage zu finden: der Einstellung zur Politik Israels und der Einstellung zum Judentum.

Die Frage nach den Traditionen und Werten als Grundlage und Rechtfertigung für eigenes Handeln wurde schon vor Jahrtausenden gestellt, in der jüdischen Kultur wie in anderen auch. »Wisse, woher Du gekommen bist. Und wohin Du gehst. Und vor wem Du zukünftig Rechenschaft ablegen musst.« Diese Devise gab ein Lehrmeister namens Akawja ben Mehallal'el der jüdischen Überlieferung nach seinen Schülern auf Ihren Lebensweg.[4] Er gab ihnen gleich eine Antwort mit: »Woher kommst Du? Aus einem stinkenden Tropfen. Und wohin gehst Du? An einen Ort des Staubs, Drecks und Gewürms. Und vor wem musst Du Rechenschaft ablegen? Vor dem König, dem König der Könige, dem Heiligen, gesegnet sei Er.«

Offenbar wollte dieser Akawja seine Zuhörer zu etwas Demut bewegen, aber – bei aller Demut – auch klarmachen, dass man stets selbst für sein Handeln Verantwortung übernehmen muss.

---

4   »Sprüche der Väter«, Kap. 3, Satz 1.

Teil 1

Wisse, woher Du kommst …

Kapitel 1

Meine jüdische Heimat

Jedes Jahr im Juli feiert Ravensburg, die schöne Metropole Oberschwabens, Stadt der Türme und Tore, das »Rutenfest«. Eine Woche lang, und besonders am Wochenende, ziehen die Musik-Korps der Gymnasien durch die Stadt, um vor den Häusern der Wohlsituierten »anzutrommeln« und um dafür eine angemessene Belohnung einzustreichen, am liebsten in Form von Fassbier.

Vor 40 Jahren gab es zwei solche herummarschierende Trupps. Die größere Ehre war es, dem Trommler-Korps anzugehören. Wem das jedoch etwas zu großbürgerlich erschien oder zu kostspielig wurde, die wahlberechtigten Klassenkameraden zu Freirunden einzuladen, um dann von ihnen in das Trommler-Korps gewählt zu werden, dem blieb noch der Landsknecht-Trupp, bestehend aus Trommlern, Pfeifern und Fußvolk.

Im Juli 1968 war ich, wie nebenstehendes Bild dokumentiert, ein stolzer Landsknecht, genauer gesagt – man sieht dies an dem länglichen Gegenstand – einer der Pfeifer bei den Landsknechten.

Was man allerdings diesem 40 Jahre alten Foto nicht ansieht: Ich war ein Landsknecht in Übereinstimmung mit den religiösen jüdischen Vorschriften. Ich war zwar Pfeifer, aber nicht am Rutensamstag: Am Schabbat lief ich nur mit dem Zug mit: Musizieren ist Arbeit, Gehen nicht. Und ich trug unter diesem Gewand, über dem Unterhemd, die Arbe Kanfes[5] (»vier Zipfel«), auch Tallis Kuten (»kleiner Tallit«) genannt, also ein Westchen aus Leinen mit acht Fäden an jeder der vier Ecken. Es zu tragen, schreibt die Tora vor, sozusagen als Knoten im Taschentuch: »und Ihr werdet sie (die Fäden) sehen und werdet euch erinnern an all die Gebote Gottes und werdet sie ausführen und nicht abweichen«.

Mein Vater, Ernst Jissruel-Jossef Verleger, kam als 5-Jähriger 1905 mit seinen Eltern und Geschwistern aus seinem Geburtsort Bendzin im Russischen Reich nach Falkenstein ins Vogtland (Sachsen).[6] 1945 kehrte er aus Auschwitz nach Falkenstein zurück, Seine Frau Rosa und seine drei Söhne Heinrich, Me'ir und Zwi waren dort durch Giftgas ermordet worden.

Meine Mutter, geboren 1925 als Helga Messer in Berlin, überlebte die Deportation nach Estland und den Todesmarsch zurück. Ihre Mutter wurde, 42-jährig, direkt nach der Ankunft in Estland erschossen, da sie in Berlin als Jüdin unberechtigterweise zum Friseur gegangen war. Was mit ihrem Vater geschah, nachdem er zu einem »Arbeitseinsatz in Dorpat« abtransportiert wurde, ist unbekannt. Meine Mutter lebte dann ohne ihre Angehörigen wieder in Berlin und traf dort 1948 den Bruder meines Vaters – den einzigen Überlebenden der sieben Geschwister meines Vaters. Er machte sie mit meinem Vater bekannt.

So heirateten meine Eltern 1948 in Berlin und lebten dann noch rund zwei Jahre im Vogtland, ab Ende 1949 mit ihrem ersten Kind, meinem Bruder. Sie fanden dort aber die Situation zunehmend unerfreulicher, und so folgte mein Vater dem Vorbild zweier Vogtländer Unternehmer, die nach Ravensburg gezogen waren, um dort die Tradition der vogtländischen Textilindustrie fortzusetzen.

Mein Vater führte also Anfang 1951 einige Spitzen- und

---

5   Ich schreibe die hebräischen Wörter hier oft in ihrer traditionellen mitteleuropäischen Aussprache, denn so lernte ich sie ja kennen.

6   Bendzin liegt 15 km nordöstlich von Kattowitz, die Grenze zwischen russischem Zarenreich und deutschem Kaiserreich lag zwischen Kattowitz und Bendzin – Polen existierte nicht.

Stickereimaschinen aus der DDR nach Ravensburg aus und eröffnete dort eine Fabrik für Spitzen- und Stickereistoffe. Ich wurde
Ende 1951 in Ravensburg geboren, ein paar Jahre später kam meine Schwester zur Welt. Unser Vater starb 1965 an seinem dritten
Herzinfarkt, zwei Monate nachdem ich an meinem 13. Geburtstag als
»Bar-Mizwah«[7] im religiösen Sinn erwachsen und eigenverantwort-
lich geworden war.

Wir waren praktisch die einzigen Juden in der Stadt – die wenigen anderen waren meines Wissens nicht Mitglieder der Stuttgarter
jüdischen Gemeinde, zu deren Gebiet Ravensburg gehörte. Meine
Mutter war im Berlin der 20er und 30er Jahre aufgewachsen, also in einer Umgebung, in der sich Judentum und Deutschtum ganz selbstverständlich miteinander verschmolzen hatten und in der es eine reiche
und lebendige deutsch-jüdische Kultur gab. Mein Vater dagegen
brauchte andere Juden nicht, ihm war die Tradition genug, die er selbst
in sich trug. So lehrte er uns das Kindergebet am Morgen (»mojde ani
lefunechu, melech chai we-kajum …« – »dankend stehe ich vor Dir,
lebender und ewiger König …«), und im Gebetbuch konnte ich unter
der Anleitung meiner Eltern die hebräische Schrift schon lesen, bevor
ich in die Schule kam. Wir feierten stets den Freitagabend – mit Gebet
davor, von »Lechu Nerannena« bis »Alejnu« –, mit Kerzenleuchter,
Wein, Challe (Weißbrotzöpfen, die wir zu Hause selber backten),
Karpfen in Glibber, Hühnersuppe und gekochtem Huhn. Wir hielten alle Gebete ein, dreimal am Tag – Morgengebet (nicht unter 20
Minuten zu machen), Nachmittag und Abend (je 5 Minuten). Mein
Vater zeigte meinem Bruder und mir das morgendliche Anlegen der
Gebetsriemen, als wir Bar-Mizwah wurden. Nach Rosch HaSchana
kaufte er ein lebendiges »Sühne«-Huhn, schwang in unserer Küche
das wild gackernde Tier dreimal über Kopf, sagte »se chalifussi, se ka-
purussi« (»das ist mein Tauschobjekt, das ist meine Sühne«) und schnitt
ihm den Hals durch. Zum Laubhüttenfest hatten wir eine geschmückte
Hütte auf der Terrasse, mit Blick aufs Schussental, per Sonderlieferung
kam der Lulaw (Palmzweig) mit dem wohlriechenden Essrog (der
übergroßen Zitrone) und den Myrten- und Weidenzweigen. Natürlich

---

7   »Sohn des (göttlichen) Auftrags«

feierten wir Chanuka, zündeten die Lichter auf dem Leuchter an, jeden Abend eines mehr, von eins bis acht. Nur zu Rosch HaSchana und Jom Kippur fuhren wir nach Stuttgart in die Synagoge und übernachteten dort im Hotel. Jeden Dienstag kam der Religionslehrer aus Stuttgart zu uns, während unserer ganzen Schulzeit. Am Schabbat gingen mein Bruder und ich den Wochenabschnitt der Tora durch und entzifferten dazu auch die Erklärungen, die RaSchiJ in der nach ihm benannten Schrift abgefasst hatte. Von einem jüdischen Arzt, der einige Zeit am Städtischen Krankenhaus arbeitete, lernten wir sogar ein paar Seiten Talmud.[8]

Mein Vater spendete 1958 der Stuttgarter Gemeinde eine Tora-Rolle; auf dem Foto sieht man ihn als den »Chussen-Toire« – den Bräutigam der Tora – bei der feierlichen Einführung der Tora in die Synagoge unter dem Baldachin, der sonst für Trauungen benutzt wird. Die beiden kleinen Jungen sind mein Bruder und ich.

---

8 Die dicken Bände des Talmud (etwa: »das zu Lernende«) bilden die traditionelle Schule jüdischer Gelehrsamkeit. Sie dokumentieren den Austausch von Argumenten der Lehrmeister vor 1600-2000 Jahren darüber, wie die Gebote richtig auszuführen sind.

Als ich Bar-Mizwah wurde, las ich aus der Tora den gesamten Wochenabschnitt vor. »Mikejz« aus dem 1. Buch Mose, erzählt, wie Josef dem Pharao seine Träume deutete, zum Ernährungsminister Pharaos ernannt wurde und mit sarkastischer Freude seine Brüder wiedertraf, die ihn aus Eifersucht in die Sklaverei verkauft hatten und nun hungernd nach Ägypten kamen. Danach durfte ich auch den Prophetenabschnitt aus Secharja vorlesen, denn es war Chanuka, dazu später mehr.

Meine Eltern waren sich darin einig, dass wir unseren Lebensweg in der deutschen Gesellschaft machen sollten. Mein Vater liebte Fußball und war Funktionär im FV Ravensburg. Das obige Foto von mir als Landsknecht ist von meiner Mutter aufgenommen, und sie war vermutlich genauso stolz wie ich selbst. Bei ihr wird es der Stolz darüber gewesen sein, dass ihr Sohn nun mit seinen 16 Jahren in die deutsche Gesellschaft integriert war, anstatt wie sie mit 16 Jahren ausgestoßen, mit dem gelben Stern gebrandmarkt zu sein und kurz vor der Deportation zum »Arbeitseinsatz« im Baltikum zu stehen.

So bestand unser Leben aus vielen merkwürdigen Kompromissen zwischen Anpassung und Judentum: Dass wir nicht in den Kindergarten gingen, denn der war meinen Eltern zu kirchlich. Dass wir die Grundschule der evangelischen Minderheit besuchten, denn diese Schule schien meinen Eltern weniger christlich als die katholische. Dass ich gleich zu Beginn meiner Schulzeit dienstags in der Mädchenklasse saß (die war von 8 bis 10, die Bubenklasse von 10 bis 12), denn dienstags um 10 Uhr kam unser jüdischer Religionslehrer aus Stuttgart. Ungefähr in der 2. Klasse Volksschule bekam ich vor Weihnachten als Anerkennungspreis für irgendeine gute Leistung ein christliches Bildchen von der Lehrerin; das fand ich ausgesprochen unpassend und warf es auf dem Heimweg weg, was ich aber dann nicht zugeben wollte, als mich die erboste Lehrerin vor der ganzen Klasse darauf ansprach, nachdem ein Mitschüler es gefunden hatte. Dass ich, wie oben erwähnt, immer meinen »Tallis Kuten« trug, außer an den zwei Tagen, an denen Turnunterricht war, denn die Fragen danach wären mir peinlich gewesen. Dass wir später, als Religionsmündige nach der Bar-Mizwah-Feier, am Schabbat zwar in die Schule gingen, aber ohne Schulranzen und auch nichts mitschrieben. Dass ich dann am Schabbat nach der Schule zwar mit in den »Engel« ging, aber mir das Bier von meinen Kameraden auslegen ließ, denn am Schabbat darf man keine Geschäfte machen. Dass ich am Montagabend in die Tanzstunde ging, mit einer fremden Klasse, denn meine Klasse hatte ihre Tanzstunde auf den Freitagabend gelegt. Dass ich am Rutenfest bei den »Landsknechten« als Pfeifer dabei war, aber für den Rutensamstag einen Ersatz brauchte. Im Gymnasium hatte ich immer »Hohlstunde«, wenn die anderen Religionsunterricht hatten. In mehreren Halbjahren hatten zufällig die (wenigen) Mädchen der Klasse unter mir zur gleichen Zeit »Hohlstunde«, weil ihre Mitschüler Turnunterricht hatten. Ich war aber damals zu schüchtern …

Nun kann man sich ja fragen: Merkwürdige Kleidungsstücke tragen, eine fremde Sprache mit unlesbarer Schrift von frühester Jugend an lernen, dreimal am Tag beten, eigenartige Speisevorschriften beachten, allen möglichen Geboten und Verboten Folge leisten, bis hin zum Bereitlegen von abgerissenem Klopapier vor Schabbat-Anfang (Abreißen ist Arbeit und am Schabbat verboten) – Was ist das für eine Ideologie? Welcher Fundamentalismus ist das? Kann die aufgeklärte deutsche Gesellschaft diese Parallelgesellschaft wirklich gut finden?

Ich habe die Schabbat-Abende genannt, die Wärme und Vertrautheit brachten, das Gefühl von Heimat. Aber das schönste Fest war Pessach. Man merkte schon tagelang vorher, dass das Fest kommen würde: Das ganze Haus wurde geputzt, denn das »Chamez« – Brotkrümel, Vergorenes, Mehl – musste weg. Einen Abend vor Pessach ging mein Vater mit einer Kerze durchs Haus und suchte und sammelte die Brotstücke ein, die extra dafür ausgelegt waren. Das Brot wurde am nächsten Vormittag im Garten verbrannt, und damit war unser Haus sauerteigfrei. Und dann wurde das Essen für die zwei Sseder-Abende[9] vorbereitet: Rosinenwein für die Kinder, Charosset[10], Eier, Salzwasser, Radieschen, Hühnersuppe mit Matze-Knödeln, Huhn. Wer mutig war, durfte den Meerrettich reiben. Der Tisch war

---

9   Ich sehe keine andere Möglichkeit, auf Deutsch ein stimmloses S am Wortanfang zu schreiben. »Beder« sähe noch merkwürdiger aus.

10   Gematsche aus geriebenen Äpfeln und Nüssen und was sonst noch dazu passt.

weiß gedeckt, die Matza lag unter dem schönen Abdecktuch, auf jedem Stuhl lag ein Kissen, die Kerzen brannten. Jeder wusste, wie der
Abend ablaufen würde, aber trotzdem musste das jüngste Kind so
tun, als sei es ganz überrascht, und die vier Fragen »Ma Nischtana ha-
Lajla ha-se mikol haLejlot« stellen – »Was unterscheidet diese Nacht
von allen Nächten?« Und darauf erzählte der Ssedergebende aus dem
Buch dieses Abends, der »Hagadah« (Erzählung) von der Geschichte
des Auszugs aus Ägypten, der Versklavung und der Befreiung, wir
tranken vier Becher Wein, aßen viel, wie es vorgeschrieben war, und
sangen die traditionellen Lieder.

Das Pessach-Fest ist das zentrale Fest für die jüdische Familie. Was
den deutschen Christen der Heilige Abend, ist für die jüdische Familie
der Sseder-Abend. (Lejl Sseder Pessach – die Nacht der »Ordnung«,
d.h. des Ritus, des Pessach)

Was ist das Wesentliche an diesem Abend?

Martin Buber (1949) erzählt die Geschichte des chassidischen
Rabbi Levi Izchak von Berditschew (gest. 1809), der einmal sehr stolz
darauf war, wie er den Sseder-Abend abgehalten hatte, und darauf
aber eine Stimme hörte: »Worauf bist Du stolz? Lieblicher ist mir der
Sseder Chajims des Wasserträgers als der deine.« Der irritierte Rabbi
ließ den Chajim suchen. Man fand ihn, einen einfachen, ungebildeten
Mann, der einen schweren Rausch ausschlief und dem zunächst die
Fragen des Rabbis ganz egal waren. Dann fragte ihn der Rabbi: »Wie
habt Ihr den Sseder gehalten?«

Der Wasserträger sagte: »Rabbi, ich will Euch die Wahrheit sagen.
Seht, ich habe von je gehört, dass es verboten ist, Branntwein zu trinken die acht Tage des Festes, und da trank ich gestern am Morgen,
dass ich genug habe für acht Tage. Und da wurde ich müde und schlief
ein. Dann weckte mich mein Weib, und es war Abend, und sie sagte
zu mir: ‚Warum hältst Du nicht den Sseder wie alle Juden?‘ Sagte ich:
‚Was willst Du von mir? Bin ich doch ein Unwissender, und mein
Vater war ein Unwissender, und ich weiß nicht, was tun und was lassen. Aber siehe, das weiß ich: unsre Väter und unsre Mütter waren gefangen bei den Zigeunern, und wir haben einen Gott, der hat sie hin-
ausgeführt in die Freiheit. Und siehe, nun sind wir wieder gefangen,
und ich weiß es und sage dir, Gott wird auch uns in die Freiheit füh-

ren.' Und da sah ich den Tisch stehen, und das Tuch strahlte wie die Sonne, und standen darauf Schüsseln mit Mazzot und Eiern und anderen Speisen, und standen Flaschen mit rotem Wein, und da aß ich von den Mazzot mit den Eiern und trank vom Wein und gab meinem Weib zu essen und zu trinken. Und dann kam die Freude über mich, und ich hob den Becher Gott entgegen und sagte: ,Sieh, Gott, diesen Becher trink ich dir zu! Und du neige dich zu uns und mache uns frei!' So saßen wir und tranken und freuten uns vor Gott. Und dann war ich müde, legte mich hin und schlief ein.«

Das Judentum war über Jahrhunderte hinweg eine Ideologie der Befreiung, der Möglichkeit der kommenden Erlösung, der Heilung der Welt durch Gottes Gnade. Dadurch gab das Judentum den gläubigen Menschen die Perspektive und den Lebenssinn, durch das freudige Erfüllen von Gottes Geboten diese Heilung der Welt näher zu bringen. (S. dazu ausführlich Scholem, 1967.)

In der jiddischen Ausgabe des »Machsor« (Feiertagsgebetbuch) für Schawuot ist eine schöne Geschichte, die diese Hingabe an Gottes Gebote illustriert.[11] Schawuot, sieben Wochen nach Pessach, ist das Fest zum Andenken an die Übergabe der Tora am Berg Sinai an das Volk Israel. Die Geschichte im Gebetbuch erzählt nun zu diesem Anlass, dass Gott seine zehn Gebote verfasst hatte und sie nun gerne auf die Erde bringen wollte. Dazu ging er zu den Vertretern aller Völker und fragte jeden einzeln, ob er nicht diese Gebote für sein Volk haben wollte. »Was steht denn drin?« wurde er daraufhin gefragt. »Nun, zum Beispiel: Du sollst nicht ehebrechen!« »Hm«, reagierte darauf der angesprochene Gesandte des ersten Volkes, »nein wirklich, tut mir leid, das ist nichts für uns.« Gott wandte sich an den Gesandten des nächsten Volkes: »Da ist auch noch: Du sollst nicht morden.« »Nein«, sagte darauf dieser, »das geht leider auch nicht, wir brauchen unsere Waffen, sind auf unsere Schwerter angewiesen.« Dann kam Gott zu den Kindern Israels und las ihnen die Gebote vor. Die sagten freudig, wie es in der Bibel heißt »na'asse we-nischma'« – »wir werden es tun

---

11   In den meisten deutschen Synagogen gibt es diese Gebetsbücher mit jiddischer Übersetzung, nach 1945 aus den USA importiert. Denn nach der Ausrottung des deutschen Judentums waren die meisten Juden in Deutschland versprengte Menschen aus Osteuropa, mit jiddischer Muttersprache (wie mein Vater).

und wir werden darauf hören«: Das Volk Israel hat sich seinen Gott mit seinen Geboten ausgewählt, und darum und nur insofern das Volk bei dieser Auswahl Gottes und bei der Befolgung seiner Gebote bleibt, ist es im Gegenzug das von Gott auserwählte Volk.

Ähnlich argumentiert der Einleitungstext des Machsors zu Rosch haSchana, dem jüdischen Neujahrsfest. An diesem Tag geht es um die Bilanz des vergangenen Jahres und um die Umkehr zu einem gottgefälligen Leben im neuen Jahr. In der Einleitung zum Gebet am Eröffnungsabend wird daher ausgeführt, dass es nicht ausreiche, in der Synagoge ein guter Jude zu sein. Vielmehr müsse das Judentum nach außen ausstrahlen, damit alle Völker erkennen »darcheha darchei noam wechol netiwoteha schalom«: »ihre – der Tora – Wege sind Wege der Güte und all ihre Pfade sind Frieden«.

Mit dieser Weisung bin ich aufgewachsen. Ich bekam sie von meinen Eltern eingeschärft, ich dachte an sie, wenn ich zu Hause war und unterwegs war, wenn ich mich abends hinlegte und wenn ich morgens aufstand. Ich band sie mir zum Zeichen auf die Hand und als Merkzeichen auf die Stirn.[12]

Als ich Ravensburg 1970 zum Studieren verließ, da zerstob unsere Familie in alle Winde. Mein Vater war schon 1965 gestorben. Mein Bruder war 1969 nach Israel ausgewandert, weil es ihm nicht möglich war, die religiösen Gebote in einer nichtjüdischen Gesellschaft zu erfüllen. Ich ging nach Konstanz, zwar nur 30 km südwestlich von Ravensburg, aber auf der anderen Seite des »Schwäbischen Meers«. Meine Mutter zog mit meiner 13-jährigen Schwester nach München, wo noch Familienmitglieder meines Vaters lebten.

Ich suchte die verlorene Heimat und die übergeordnete, umfassende Moral in anderen Dingen – vielleicht nennt man dies Erwachsenwerden. Im Studium der psychologischen Wissenschaft. Im Studium des Marxismus. Im Alleinsein und in der Wohngemeinschaft und schließlich auch bei den Frauen.

Im Wesentlichen hat dies alles sehr gut geklappt. Ich lebe seit 30 Jahren mit derselben Frau zusammen. Wir sind stolz auf unsere

---

12   adaptiert aus dem Gebet »Höre Israel«, das morgens und abends gesprochen wird; vgl. 5. Buch Mose, Kap. 5 und Kap. 11.

Kinder. Mein Beruf macht mir Spaß. Nur der Marxismus ... Auch Irrtümer bringen uns weiter.

Als aber durch die Vereinbarung zwischen Bundeskanzler Kohl und dem Zentralratsvorsitzenden Galinski die Einwanderung der ex-sowjetischen Juden nach Deutschland begann und dann der Zentralratsvorsitzende Ignatz Bubis dazu aufrief, gemeinsam mit den Neueinwanderern das Judentum in Deutschland wieder aufzubauen, da fühlte ich mich berufen.

Die Lübecker Synagoge steht seit 1880, erbaut unter Führung von Rabbiner Dr. Salomon Carlebach. Sie ist eine der ganz wenigen Synagogen in Deutschland, die 1938 nicht zerstört wurden, »nur« demoliert und ausgeräumt. Als ich 1988 nach Lübeck kam, gab es in der Synagoge jüdisches Leben nur noch dadurch, dass zu den Hohen Feiertagen einige Hamburger Studenten nach Lübeck kamen und sich zu den wenigen Lübecker Juden gesellten, sodass ein Minjan[13] da war. Dann begann die russische Einwanderung. 1994 war die Gemeinde auf rund 100 Mitglieder angewachsen, da wurde in den Essraum der Synagoge eine Brandbombe geworfen. 1995 brannte es erneut, der Geräteschuppen ging in Flammen auf. Die Solidarität der Stadt Lübeck war beeindruckend, aber es gab keinen Verantwortlichen der jungen Lübecker Gemeinde, stattdessen reisten die Vorstände der Jüdischen Gemeinde Hamburg an, nahmen die Solidaritätsbekundungen der Lübecker Bürger entgegen und hielten uns offenbar für unmündige Eingeborene. Ich setzte mich mit anderen Aktiven für unsere Autonomie ein, es begann ein unerwartet langes und zähes Ringen, das erst nach sechs Jahren, 2001, zur Gründung der Jüdischen Gemeinde Lübeck e.V. und 2005 zur Gründung eines eigenen Landesverbands der bisher von Hamburg betreuten Gemeinden Lübeck, Kiel, Flensburg führte und zur vollen Übernahme der Verantwortung. Ich war von 2001 bis 2005 im Vorstand der Jüdischen Gemeinde Lübeck, seit 2005 Vorsitzender des Landesverbands und wurde von meinem Landesverband 2005 als unser Vertreter ins Direktorium des Zentralrats der Juden in Deutschland delegiert.

---

13   »Anzahl«. Gemeint ist die Anzahl von 10 Männern, um das Gebet in Gemeinschaft sagen zu können.

KAPITEL 2

Israel und ich

Ich bemühte mich also als Jugendlicher, die Mizwot einzuhalten. Das war nicht einfach: Was mache ich mit dem Tallis Kuten beim Umziehen vor dem Turnen? In welchen Schülertanzkurs gehe ich statt dem, der am Freitagabend stattfindet? Wo lasse ich in der Schule die Schulsachen für Schabbat (an dem man ja nichts tragen darf)? Schreibt jemand für mich am Schabbat den Lehrstoff mit? Was esse ich auf Schulausflügen? Wo kann ich dort dawenen und Tefillin legen? Und so weiter. Mein ganzes Leben war davon bestimmt, dass ich Jude war und die Mizwot einhalten wollte.[14]

Ende der 60er Jahre muss es gewesen sein, ich war ungefähr 16 Jahre alt, da waren wir wie immer an Rosch haSchana zu den Neujahrsgebeten nach Stuttgart gekommen. Nachmittags war kein Gottesdienst in der Synagoge, deshalb gingen wir zu einem Gleichaltrigen nach Hause. Trotz des Verbotes, am Feiertag »Feuer anzuzünden« und somit auch keine elektrischen Geräte zu betätigen, schaltete er in seinem Zimmer das Radio an. Und als ich eine missbilligende Miene aufsetzte, sagte er: »Früher musste man die Mizwot einhalten, um sich als Jude zu definieren. Heute haben wir den Staat Israel. Da brauchen wir die Gebote nicht mehr. Jude sein heißt, zu Israel zu halten.«

---

14 »Mizwot« sind (Gottes) Aufträge. »Tallis Kuten« ist das Westchen aus Leinen mit acht Fäden an jeder der vier Ecken, das Männer immer tragen müssen. »Dawenen« ist jiddisch für »Beten«. »Tefillin« sind die Riemen, mit denen man beim Gebet eine Kapsel auf den Kopf und eine an die Hand wickelt; in den Kapseln sind vier wesentliche Texte der Tora.

Das schien mir so ziemlich das Blödeste, was ich je gehört hatte. Was hat denn – so fragte ich mich in meiner Ahnungslosigkeit – Bequemlichkeit und Verachtung der Tradition mit der Wiedergründung des Staates Israel zu tun?

In Israel war ich bis zum damaligen Zeitpunkt schon mehrfach gewesen. Zum ersten Mal ungefähr 1960, als Achtjähriger. Mein Vater nahm mich damals mit. Er war ein paar Jahre vorher schon einmal in Israel gewesen, denn er hatte noch gegenüber der DDR ein Versprechen einzulösen. Als er 1951 seine Stickereimaschinen aus Sachsen ausführte, tat er dies völlig legal – obwohl natürlich die Ausfuhr von Maschinen aus der DDR in die BRD alles andere als legal war. Er erklärte einfach gegenüber den DDR-Behörden, er würde nach Israel auswandern. Das galt 1951 in der DDR als politisch legitim, und so durfte mein Vater seine Maschinen in Richtung Hamburger Hafen transportieren. Zufällig lag Hamburg im Schwabenland ...

1960 fuhren wir also nach Jerusalem zum Hof des Gerer Rebbe. Mein Vater war sein Leben lang Anhänger dieser Rabbiner-Dynastie gewesen, die bis zum Angriff der Deutschen auf Polen im Städtchen Góra Kalwaria[15] beheimatet war und großen Einfluss in Galizien und bis nach Warschau hatte. Er war sehr stolz darauf, dass er den Rebben, Rabbi Awraham-Mordechai Alter, schon in den 30er Jahren zur Kur nach Marienbad hatte fahren dürfen, denn mein Vater konnte, als weltlich orientierter Jude, Auto fahren, im Gegensatz zu den vergeistigten und den praktischen Dingen des Lebens abgewandt lebenden Chassidim[16]. Mein jüdischer Vorname ist Awraham-Mordechai, in Erinnerung an jenen Rebben, der nun schon lange verstorben war. Als wir 1960 nach Jerusalem fuhren, besuchten wir seinen Nachfolger, seinen Sohn. Wir standen in einer Schlange von Ratsuchenden, und als wir endlich drankamen, sagte mir der erleuchtete Mann das, was man heranwachsenden Jungen eben sagt: »tamschi'ch we-tazliach« – »mach weiter und Du wirst Erfolg haben«. Danke!

---

15   »Kalvarienberg«, 50 km südlich von Warschau. Der »Gerer Rebbe« ist also
      der »Góra-er Rabbi«.

16   »Chassidim«, die Frommen, Eifrigen, sind die Schüler und Anhänger des
      Rebbe. Zum Chassidismus siehe Buber (1949) und Scholem (1967).

Natürlich hatten wir auch Verwandte in Israel: Verwandte meiner Mutter aus Deutschland und meines Vaters aus Polen, die mit Glück oder wegen ihres Weitblicks rechtzeitig den deutschen Mördern entkommen waren. »Wie kannst Du in Deutschland leben?« fragte mich kleinen Jungen einer von ihnen in seinem jiddisch gefärbten Deutsch oder deutsch gefärbten Jiddisch – ich konnte ihn jedenfalls verstehen – und er erklärte mir aus seiner bitteren Erfahrung: »Jeder, dem Du begegnest, kann ein Mörder sein. Das ist doch kein Leben. Komm hierher, nach Israel!« Aber wieso sollte ich? Deutschland war meine Heimat. 15 Jahre nach dem Ende des Mordens.

Als 13-Jähriger fuhr ich in den Sommerferien zusammen mit meinem Bruder nach Israel. Es war das Trauerjahr für unseren Vater, und in Israel konnten wir jeden Tag für ihn das Kaddisch-Gebet sagen. Dieses spricht man am Abschluss von Abschnitten des gemeinsamen Gottesdienstes, für den zehn jüdische Männer versammelt sein müssen; diese gab es ja in Ravensburg nicht. Zwei Wochen wohnten wir in Kirjat Chajim bei Haifa im Bungalow-Haus bei einem unserer früheren Religionslehrer, nah am Sandstrand des Mittelmeers, und dann zwei Wochen bei unseren sehr religiösen, sehr netten Verwandten in Jerusalem, einem kinderlosen Ehepaar.

Ein Jahr später, 1966, fuhr ich in den Sommerferien erneut nach Israel, diesmal mit einer Jugendgruppe. Wir reisten durch das ganze Land, hatten viel Spaß, und am lebhaftesten ist mir in Erinnerung, dass ich beim Sonnenblumenabschneiden im Kibbuz sehr trödelte (zwei Stunden Ernteeinsatz gehörten zur vierwöchigen Reise natürlich dazu) und dass ich mich einige Tage später mit einem anderen Jungen aus der Stuttgarter Gemeinde um einen Stachelschweinstachel prügelte.

Bis Ende der 70er Jahre war ich dann noch einige Male in Israel. Mal reiste ich mit dem Schiff übers Mittelmeer ein, auf dem Oberdeck in meinen Schlafsack gewickelt und mit dem »Kapital« Band 3 im Rucksack, mal mit meiner Mutter zum Treffen mit der Restfamilie zu Pessach und natürlich auch 1976 zur Hochzeit meines Bruders. 1979 kam ich mit einem Kollegen aus meiner ersten Arbeitsstelle zu einem Kongress nach Jerusalem, wo wir dann das Vergnügen hatten, bei meiner mittlerweile erwachsenen Schwester zu wohnen.

Denn sowohl mein Bruder, als auch meine Schwester, hatten, anders als ich, die Entscheidung getroffen, nach Israel auszuwandern.

Mein Bruder hatte 1968 Abitur gemacht und auf der Abschlussfeier einen Sonderpreis für gute Leistungen in Deutsch erhalten. Zum Studieren zog er nach Zürich, wo es ihm aber nicht sehr gefiel, denn als Orthodoxer war es schwierig und beschwerlich, in einer nichtjüdischen Umgebung die zahlreichen religiösen Vorschriften zu befolgen. Deswegen zog er 1969 nach Israel. Seit seiner Heirat lebt er in einem frommen Viertel von Petach-Tikwa, er hat vier Kinder und jetzt schon drei Enkel.

Mein Schulabschluss 1970 bildete den Bruchpunkt, an dem auch der Rest meiner Familie Ravensburg verließ. Meine Mutter zog mit meiner Schwester nach München, wo noch der Bruder und ein Cousin meines Vaters mit ihren Familien lebten. Meine Schwester zog dann, im Alter von 14, nach Israel, machte dort Abitur, studierte Medizin und lebt heute glücklich mit ihren Kindern in Tel-Aviv. Meine Mutter fasste in München gut Fuß und lebt auch heute noch dort, in guter Gesundheit und in zahlreiche Aktivitäten der jüdischen Gemeinde eingebunden.

In den 80er Jahren kam ich kaum nach Israel, weil mein Bruder sich weigerte, meine nichtjüdische Frau und unsere beiden Kinder zu sich nach Hause zu lassen. Offenbar hatte er Angst vor Ansteckung, und dies wollten wir unseren Kindern nicht zumuten. Das Eis auf unserer Seite brach meine Mutter, als sie 1990 mit unserer 6-jährigen Tochter zu zwei Hochzeiten nach Israel fuhr. Später war ich mit der ganzen Familie mehrfach bei meiner Schwester zu Gast. Zuletzt war ich mit meinem Sohn 2005 in Tel Aviv, wo wir bei meiner Schwester den 80. Geburtstag unserer Mutter feierten.

Ich erzähle all dies, um klarzumachen: Ich habe kein völlig entspanntes Verhältnis zu Israel und zu meiner dortigen Familie. Aber es ist meine Familie, und es ist auch mein Israel – das Land, in das vor 70 Jahren Mitglieder meiner Familie flüchteten, um am Leben zu bleiben, und in das zu meinen Lebzeiten Mitglieder meiner Familie auswanderten, weil das jüdische Leben in Deutschland ausgerottet war. Andere mussten nach Amerika auswandern oder leben heute mit ihren Kindern und Enkeln in Australien – Israel ist wenigstens näher.

KAPITEL 3

Judentum und Jüdischer Staat – ein Rückblick in Vorgeschichte und Geschichte

Als unbestritten lassen wir hier die in der Bibel dokumentierte Vorgeschichte gelten, von Abraham bis Dawid.

Demnach war Stammvater Abraham ein Iraker. Er kam »von jenseits des Flusses«, nämlich des Euphrats. Als er den Fluss überquerte, wurde er zum »'iwri«, eingedeutscht zum »Hebräer«; das ist »einer von Drüben«, ein Überschreiter, ein Wanderer.[17] Er hatte sich aufgemacht, um in das Land zu gehen, das sein Gott ihm zeigen wollte. Das war der heutige Süden von Israel.[18] Dort führte er in der Gegend von Be'er Schewa das Leben eines Nomaden.

Wegen des kargen Klimas wanderte Abrahams Enkel Ja'akow (Jakob) mit seiner Familie nach Ägypten aus – insgesamt 70 Menschen sollen es gewesen sein.[19] Jakob führte den Beinamen »Jissrael«, eingedeutscht »Israel« – der Gottesstreiter, da er sich einmal mit einem Fremden, der ein Bote Gottes war, eine ganze Nacht lang raufen musste. Daher nannte sich seine Sippe in Ägypten die »Kinder Israels«.

---

17 s. ausführlich bei Halter (2002). 'iwri hat den gleichen Wortstamm '_w_r wie »jenseits« des Flusses (»me'ewer ha-nahar«) und wie »überquerte« ('awar).

18 Laut der amüsanten Theorie von Salibi (1985) soll sich allerdings die ganze Vorgeschichte bis zur babylonischen Gefangenschaft im heutigen Saudi-Arabien abgespielt haben.

19 Diese ganze Geschichte hat Thomas Mann kunstvoll in »Josef und seine Brüder« beschrieben, unter Verwendung vieler traditioneller jüdischer Legenden, die die biblische Geschichte umranken.

(»Ja'akow«, der »Ferser«, war auch wirklich kein schöner Name. Er war so genannt worden, weil er bei der Geburt seinem Zwilling Ejssaw – »Esau« – gefolgt war, ihn an der Ferse haltend.)

Die Kinder Israels wurden in Ägypten zu einem großen Volk. Die ägyptischen Regierenden fürchteten politische Veränderungen und einen drohenden Machtverlust und hielten daher die Kinder Israels in rechtlosem Sklavenstatus. Darum ging Moses zum König Ägyptens und bat ihn, die Juden auszuwandern zu lassen. Der König verweigerte dies, handelte sich dafür die zehn Plagen ein und musste, solchermaßen durch Gott bestraft, die Israeliten schließlich ziehen lassen. Sieben Wochen nach ihrer Auswanderung standen die Kinder Israels in der Wüste am Fuß des Berges Sinai. Moses stieg hinauf und kam mit den Zehn Geboten wieder. Doch anstatt auf diese Gesetze Gottes zu warten, umtanzte das Volk ein Goldenes Kalb, als Symbol von Reichtum und Wohlstand. Die Bibel berichtet, dass sich Moses scharf von dieser Verehrung des Materiellen distanzierte und auf der Verehrung des Einen Gottes und Seiner Gebote bestand. Mit dem Bericht dieser Auseinandersetzung des Propheten mit seinem Volk klingt ein Thema an, das in der Geschichte der einsamen Propheten Israels noch oft in der Bibel wiederkehren würde.

Vierzig Jahre zog das Volk durch die Wüste, und die neue Generation eroberte sich schließlich das Land, aus dem Milch und Honig quillt. Sie lebten dort als Stämme, geführt von Ältesten, den »Richtern«.

Nach einigen Generationen kamen einige Stammesälteste zu einem der führenden Priester, Schemu'el (»Samuel«), mit der Bitte, aus diesen Stämmen eine Nation zu machen und zu diesem Zweck einen König zu ernennen. Der Grund für diese Bitte war, dass man es so machen wollte wie alle anderen Völker auch, eine Regierung haben wollte wie alle anderen Völker auch, einen Staat haben wollte wie alle anderen Völker auch. Dies war der Wunsch nach einem eigenen jüdischen Staat, – wenn man denn so will: Zionismus.

Samuel, der Repräsentant der jüdischen Religion, weigerte sich. Er wollte keinen jüdischen König und keinen jüdischen Staat. Gott aber offenbarte Samuel, der Kompromiss zwischen jüdischer Religion und jüdischer Staatlichkeit sei möglich. Trotzdem versuchte Samuel, die

Ältesten von ihrem Vorhaben abzubringen: Sie könnten nicht gleichzeitig der jüdischen Religion dienen und einem König untertan sein.
Da die Ältesten aber auf ihrem Wunsch bestanden, gab Samuel wider-
willig nach. Scha'ul (»Saul«) wurde König.

So konnten die Stämme mit vereinter Macht gegen die Philister ziehen, die die gesamte Küstenregion des heutigen Israels beherrschten
(wahrscheinlich Angehörige der minoischen Hochkultur aus Kreta).
Saul war aber nicht sehr erfolgreich und wurde von dem jungen
Kriegshelden Dawid abgesetzt. Dawid war ein begabter Herrscher,
und ein großer Dichter und Musiker (viele Psalmen werden ihm zu-
geschrieben), aber gleichzeitig ein zutiefst unmoralischer Mensch, der
seinen treuen Untergebenen Urijah in den Tod schickte, um sich dessen Frau zu einer seiner Gattinnen zu machen. Der Konflikt zwischen
Staatlichkeit und Religion schwelte somit unter diesem König weiter.

Unter Dawids Sohn Schelomo (»Salomon«) gelang anscheinend
die Vereinigung der beiden Prinzipien. Schelomo konnte auf den
Erfolgen seines Vaters aufbauen und Wohlstand und höfische Pracht
entfalten. Zentralisiert wurde aber nicht nur die weltliche Herrschaft,
sondern auch die Ausübung der Religion: In der Bergstadt Jerusalem
ließ Schelomo das große Haus bauen, das Haus des Heiligtums,
den »Tempel«. Dieser war nun die zentrale Kultstätte, verwaltet von
einem Zweig des Stammes Lewi, den Kohanim. Finanziert wurden
die Priester durch die 10%ige Kirchensteuer und durch zusätzliche
Opfergaben. Wie im 3. Buch Mose ausführlich angeordnet, wurden
Opfertiere zum Teil für Gott verbrannt, zum Teil zur Ernährung der
lewitischen Priester verwendet.

Nach Salomons Tod zerfiel die politische Herrschaft. Es bildeten
sich zwei Königreiche: »Israel« aus dem Gebiet von zehn der zwölf
Stämme und »Juda« aus den anderen beiden. Israel konnte sich nicht
halten, aber Juda führte über Generationen eine eigene Staatlichkeit,
bis 597 v. Jesu Geburt [20].

---

20   Es ist einigermaßen absurd, in einer Beschreibung der jüdischen Geschichte sich
     an »Christi Geburt« auszurichten. »Christos« ist die griechische Übersetzung
     von »Maschiach«, der »Gesalbte«, des künftigen Sohnes aus dem Königshause
     Dawids, der den alten Glanz wiederaufrichten soll. Für das Judentum war
     Jesus aber nicht der Maschiach. Das Judentum wartet noch immer auf den

Es verfiel aber offenbar auch die Religion. Inwiefern die Zentralisierung daran Schuld hatte, sei hier dahingestellt. Auffällig ist aber selbstverständlich schon, wie die Propheten, einer nach dem anderen, einen hohl gewordenen Opferritus geißeln und einen Wandel der inneren Einstellung fordern, hin zu einem moralischen Leben. Es spricht ja Bände, dass trotz der Existenz des Heiligtums das Gesetz Moses zur Zeit des Königreichs in Juda so unbekannt war, dass die Wiederentdeckung des fünften Buches der Tora unter König Joschijahu (621 v. J.), in dem alle wesentlichen Gebote inklusive der Zehn Gebote wiederholt werden, zu einem allgemeinen Entsetzen führte (2. Buch der Könige, Kap. 22; s. kritische Diskussion bei Campbell, 1964/1996).

Immer wieder traten unter der Herrschaft der Könige Propheten auf, die im Namen Gottes für eine moralische Umkehr, gegen eine blinde Verabsolutierung weltlicher Macht und für Mildtätigkeit und Nächstenliebe predigten. Einige Beispiele für die Prophetenworte:

Amos sprach anlässlich einer Siegesfeier. Der Sieg schien den Judäern zu bestätigen, dass sie das von Gott auserwählte Volk seien. Amos stellt klar: In der Tat seien die Kinder Israels das von Gott auserwählte Volk, das er zur Heiligung seines Namens aus Ägypten in das Versprochene Land, aus Sklaverei in die Freiheit geführt hatte. Jedoch genau weil Gott Israel auserwählt habe »darum will ich auch an Euch heimsuchen all Eure Sünde« (Kap. 3, Vers 2). Auserwählt sein heiße vor allem, sich an das Gesetz Gottes halten zu wollen und die eigenen schlechten Eigenschaften besiegen zu können. Auserwählt sein heiße nicht, vor Gott und den Menschen automatisch wertvoller zu

---

Maschiach. Ich behelfe mir, indem ich Jesus bei seinem Namen nenne anstatt bei seinem nach jüdischer Meinung unrechtmäßigen Titel.

Nichts gegen die Person Jesus – ein bedeutender Jude in der geistigen Tradition der Propheten, wahrscheinlich vom Volk geliebt, und als Märtyrer für seine Religion und sein von den Römern unterdrücktes Volk gestorben (s. Ben Chorin, 1992, Kohn 1997). Aber der Weg, der Jahrhunderte und Jahrtausende lang in seinem Namen gegangen wurde, ist – platt gesagt – genau der Weg, gegen den ich mich für das Judentum in diesem Buch wehre: Religion als Herrschaftsinstrument, mit Unterdrückung gegen diejenigen, die nicht dazu gehören. An diesen Folgen ist offensichtlich: Das kann nicht der Maschiach gewesen sein.

sein als Judas Nachbarvölker, die Äthiopier im Süden, die Philister im Westen, die Syrer im Norden.

Und so spricht auch der Prophet Jeschajahu (»Jesaja«): »Gesegnet sei Ägypten, mein Volk, und Assyrien, das Werk meiner Hände, und Israel, mein Erbstück« (Kap. 19, Satz 25).

Die folgende Passage von Jeschajahu wird am höchsten jüdischen Feiertag, Jom Kippur (»Versöhnungstag«, eigentlich »Sühnetag«), an dem 24 Stunden gefastet werden muss, rituell verlesen, um klarzumachen, worum es zentral bei der jüdischen Religion geht:

»Ist nicht erst dies ein Fasten, das ich erwähle: dass man die Fesseln des Frevels aufmache, den Knoten der Jochstange löse, die Bedrückten in die Freiheit schicke; zerbrecht jedes Joch! Ist es nicht so: Dem Hungrigen brich Dein Brot, arme Bedrängte nimm in Dein Haus auf, wenn Du einen nackt siehst, gib ihm Bedeckung, und denen, die von Deinem Fleische sind, entziehe Dich nicht. Dann wird wie der Morgen Dein Licht anbrechen und Deine Heilung wird bald sprießen, Deine Gerechtigkeit wird Dir vorangehen, und Gottes Herrlichkeit wird Dich aufnehmen.« (Jesaja, Kap. 58).

Das Königreich Juda verliert 597 v. J. seine Autonomie. Denn statt sich mit seinem unmittelbaren Nachbarn Babylon gut zu stellen, vertraut der judäische König Jehojakim auf die Unterstützung der Großmacht Ägypten. Gegenstimmen – der Prophet Jeremijahu (Jeremias) ist uns überliefert – finden kein Gehör. Babylon erobert Juda, sein König Nebukadnezar lässt das Heiligtum in Jerusalem zerstören und verschleppt die Oberschicht von Juda nach Babylon. Damit gibt es für 400 Jahre keinen jüdischen Staat mehr.

Als ca. 60 Jahre später Babylon vom persischen Großreich unterworfen wird, kann mit Erlaubnis des persischen Herrschers ein Teil der Nachkommen der judäischen Vertriebenen unter Führung von Esra und Nehemia wieder nach Juda einwandern. Die Erfahrung des Exils bewirkt, dass nun Esra die jüdische Religion reformiert und sie damit ansatzweise zu der Religion macht, wie wir sie heute noch kennen. Denn vermutlich hatte es vorher im Königreich Juda keine jüdische Religion in unserem Sinne gegeben. Vielmehr hatte sich die Landbevölkerung an Naturreligionen gehalten und Schlangen- und Kälbergötter verehrt, die Kleinstädter hielten sich vielleicht an die

neueste religiöse Mode aus Babylon, und manchmal pilgerte man von
Stadt und Land auch sicherheitshalber mit einem Schaf nach Jerusalem
in das jüdische Heiligtum. Tatsächlich ließen Esra und Nehemia den
Tempelbetrieb in einem bescheideneren Rahmen wieder auferstehen.
Wesentlich für die kommenden Jahrtausende ist aber etwas anderes,
nämlich die Verfügung Esras, dass am Schabbat an jedem Ort dezentrale Versammlungen stattfinden sollen, in denen die Tora vorgelesen
wird. Dies wird seitdem praktiziert, als Teil des gemeinsamen Gebets
am Schabbat, und ließ das Judentum zum »Volk des Buches« werden.[21]

Rund 200 Jahre später zerschlug der Makedonier Alexander das
Perserreich und verleibte Juda seinem neuen Reich ein. Gegen seine Nachfolger wagte Juda unter Führung der Familie Makkabi den
Aufstand und siegte 164 v. J. Es entstand aufs Neue ein unabhängiger
jüdischer Staat unter der Führung der Makkabäer. Lehrreich für das
Spannungsverhältnis von jüdischer Religion und jüdischem Staat ist,
wie in der jüdischen Tradition dieses Ereignis gefeiert wurde und bis
heute gefeiert wird. An acht aufeinanderfolgenden Abenden im Winter
werden Kerzen angezündet, am ersten Tag eine, am zweiten Tag zwei
und so fort, bis es am achten Tag acht Kerzen sind. Die Begründung
für diese »Chanuka«-Kerzen ist merkwürdig fern von kriegerischen
Erfolgen. Es sei nämlich nach dem Sieg über die Fremdgläubigen kein
geweihtes Öl mehr vorhanden gewesen, um das Licht im Tempel wieder zu entzünden. Nur ein kleines Kännchen Olivenöl habe sich gefunden. Dieses Quäntchen Öl habe dann wunderbarerweise acht Tage
lang gereicht, bis neues Öl zubereitet werden konnte.[22] Und um noch
klarer zu machen, was von den kriegerischen Mitteln und Erfolgen
der Makkabäer zu halten sei, ordneten die jüdischen Weisen an, dass
das Prophetenwort zum Schabbat, der auf Chanuka fällt, ein Abschnitt
aus Secharja (»Zacharias«) sein solle. Dieser Abschnitt kulminiert
in dem Satz » ‚nicht mit Gewalt und nicht mit Stärke, sondern mit
meinem Geiste' spricht der Herr der Heere« (Secharja, Kap. 4, Satz 6).

---

21   s. ausführlich bei Halter (2002).

22   So auch der Name des Fests: »Chanuka« bedeutet »Einweihung«, nicht etwa
      »Sieg im Volkskrieg«.

Noch deutlicher konnten die jüdischen Weisen eigentlich nicht mehr
sagen, was sie von den Kriegserfolgen der Makkabäer hielten.

Sie hatten guten Grund dazu. Kaum an der Macht, übernah-
men die Makkabäer die bekämpfte griechische Lebensart, brachten
sich in Intrigen um die Erbfolge gegenseitig um, führten bewaffnete Auseinandersetzungen gegeneinander und ermöglichten es so im
Jahre 63 v. J. dem Römischen Reich, Jerusalem zu erobern und sich
»Judäa« als Provinz einzuverleiben. Dies war das Ende eines selbstän-
digen jüdischen Staates.

Judäa lebte jedoch zunächst als eigenständige Provinz noch weiter.
Neben dem römischen Gouverneur regierte auch der Makkabäerkönig.
Einer von ihnen war es, König Herodes I., der – schon unter römischer
Hoheit – in Jerusalem wieder ein prunkvolles Heiligtum errichten
ließ: den zweiten Tempel, als Nachfolger des Tempels Schelomos, der
500 Jahre zuvor zerstört worden war.

In Judäa brodelte es. Die römische Herrschaft wurde als ausbeu-
terisch und unmoralisch angesehen. Es kam zum Aufstand. Rom reagierte hart. Im Jahre 70 n.J. wurde die Hauptstadt Judäas belagert und
eingenommen, der Tempel wurde zerstört, und Jerusalem wurde für
Juden gesperrt.

Anstatt jedoch das Ende des Judentums einzuläuten, war dies
der Beginn des Judentums als einer systematisierten, ausgearbei-
teten und den Alltag bestimmenden Religion. Rabbi Jochanan ben
Sakkai erhielt von den Römern die Erlaubnis, in der Küstenstadt
Jawne eine religiöse Hochschule zu begründen. Hier wurde der
Grundstein gelegt für eine systematische Anwendung der biblischen
Gebote auf die tägliche Lebensführung. Die Meinungen der rabbi-
nischen Autoritäten, vor allem der Lehrhäuser von Hillel und von
Schamai, wurden nach Themen zusammengestellt. So wurden die-
se Meinungen einer strukturierten Diskussion zugänglich gemacht,
die in den folgenden Jahrzehnten und Jahrhunderten in Judäa und
– noch fundierter und gewichtiger – im östlichen Nachbarstaat
Babylon geführt wurde, in Lehrhäusern, die nach dem Beispiel von
Jawne arbeiteten. Dokumentiert sind diese Diskussionen im kleineren
»Jerusalemer Talmud« und im größeren »Babylonischen Talmud«.
Diese Diskussionen bestimmten für die nächsten zwei Jahrtausende

die Lebensführung aller Juden bis in alle Einzelheiten, in einer Weise, die zu Zeiten der Eigenstaatlichkeit wahrscheinlich niemals auch nur annähernd vorstellbar gewesen war. Anstelle der Opfer im Tempel wurden endgültig Gebete eingesetzt. Eine zentrale Stellung in diesen Gebeten nahm dabei die Bitte an Gott ein, den Messias kommen zu lassen, damit er die über die Welt versprengten Juden wieder in Jerusalem zusammenführe und der Tempel wiederaufgebaut werde.

Das Verhältnis von jüdischer Religion einerseits und jüdischem Land und jüdischer Staatlichkeit andererseits nahm also im Lauf der Geschichte bis zur Zerstörung des Tempels durch die Römer verschiedene Formen an. Der Gott-Erkenner Abraham, Begründer der jüdischen Religion, wanderte auf Gottes Geheiß in den Negew aus, in das Land des späteren jüdischen Staates. Sein Enkel Ja'akow wanderte jedoch wiederum aus diesem Land aus und ließ sich in Ägypten nieder. Im neuen Land entwickelte sich Jakobs Nachkommenschaft zu einem großen und starken Volk. Gleichzeitig verlor es offenbar weitgehend den Kontakt zu seinem Gott. Der anschließende Auszug aus Ägypten unter Führung von Moses, in die Wüste Sinai, brachte einen Höhepunkt der religiösen Entwicklung: Die Israeliten nahmen Gottes Gebote an und wurden dadurch zu Gottes auserwähltem Volk. Als solches eroberten und besiedelten sie Kanaan, das ihnen von Gott versprochene Land Abrahams. Gottes Gebote sollten eingehalten werden, in der Hoffnung, dadurch gute Ernten zu erhalten und in diesem Land bleiben zu können (s. 5. Buch Mose, Kap. 11). Als nach einigen Generationen der Wunsch nach einem eigenen König, einer eigenen Armee, einer eigenen Staatlichkeit aufkam, drückte dieser Wunsch aus, dass das Einhalten von Gottes Geboten nicht ausreicht – und möglicherweise nicht einmal notwendig ist –, um die Existenz im versprochenen Land dauerhaft zu sichern. Daher nahm Samuel so entschieden Stellung gegen den Wunsch, einen eigenen Staat zu gründen, musste aber schließlich dennoch nachgeben. Diese Schwächung der jüdischen Religion wurde durch König Salomon dadurch wieder wettgemacht, dass die Religion zentral vom Staat organisiert wurde, im zentralen Heiligtum, dem Großen Haus in Jerusalem. Jedoch erwies sich diese zentralisierte Lösung im Lauf der folgenden Generationen sehr bald als zu alltagsfern, und die tatsächlich vom Volk ausgeübte

Religion war eher die Viel-Götterei. Dem religiösen Verfall folgte
mit der Eroberung Judas durch die babylonische Macht der staatliche Verfall. Denn statt sich mit seinem Nachbarn Babylon friedlich zu
arrangieren, hatte sich der König von Juda auf die ferne Großmacht
Ägypten verlassen. Der jüdische Staat blieb dann über Jahrhunderte
hinweg eine Provinz fremder Mächte ohne politische Autonomie, die
jüdische Religion jedoch entwickelte sich außerhalb – und nach der
Rückkehr aus der babylonischen Verbannung auch innerhalb – Judas
weiter, in eine dezentrale Richtung. Die Einhaltung der Gebote war
nicht mehr eine Frage, um gute Ernten zu erzielen. Vielmehr rückte
die moralische Dimension durch das Entstehen einer intellektuellen
Schicht von Meistern der Religion (»Rabbinern«) immer mehr in den
Vordergrund. Für diese Entwicklung weitgehend irrelevant war die
Wiedererlangung staatlicher Autonomie durch die Makkabäer.

Längst waren die Juden nicht mehr nur in Judäa ansässig. Es
gab große jüdische Gruppen in den Nachbarländern Ägypten,
Mesopotamien, Persien, selbst bis nach Germanien kamen Juden,
sodass es – wie der Historiker Strabon anmerkte (zitiert nach Kohn,
1958) – kaum ein Land gab, in dem nicht auch Juden lebten. Wollten
sich diese Juden noch weiterhin als zusammengehörig definieren, so
brauchten sie ein einigendes Band, ein großes gemeinsames Projekt.
Dies konnte nicht mehr das biblische Versprechen sein, bei Befolgung
der Gebote gute Ernten zu erzielen und im Versprochenen Land zu
bleiben, denn dort lebten sie ja sowieso schon nicht mehr, und sie waren zum größten Teil auch keine Bauern mehr. Das zentrale Projekt
wurde vielmehr ein anderes, und die Bitten darum rückten an zentrale Stelle in den Gebeten. Dreimal täglich (morgens, nachmittags,
abends) waren die Bitten um Erfüllung dieses Projekts als wesentlicher
Teil der »18« Segenssprüche zu sagen, ebenso als wesentlicher Teil
der Segenssprüche nach dem Speisen und auch sonst zu allen möglichen rituellen Anlässen. Das jüdische Projekt bestand darin, durch
das Einhalten der Gebote die Erlösung zu erreichen: Gott würde den
Messias erwählen, das Heiligtum in Jerusalem würde wieder aufge-
baut, und die Juden aus aller Welt würden in diesem Heiligen Haus
mit Freuden und Jubel Gott die ihm zustehenden Opfertiere darbrin-
gen.

KAPITEL 4

Der Auftrag der Nächstenliebe

»Liebe Deinen Nächsten wie Dich selbst«. Die meisten Menschen, mit denen ich darüber ins Gespräch komme, halten dieses Gebot für eine Errungenschaft des Christentums. Genau das sei ja das Neue am Christentum gegenüber dem rächenden und strafenden Gott des »Alten Testaments«[23]. Sogar Juden habe ich getroffen, die davon überzeugt waren, dass Nächstenliebe ein weiches, christliches Prinzip sei, während das Judentum sich auf das Prinzip der Gerechtigkeit berufe: Gleiches sei mit Gleichem zu vergelten, »Auge um Auge, Zahn um Zahn«. Diese Überzeugungen klingen alle sehr logisch und systematisch, nur: Sie stimmen nicht.

Denn: »we-ahaw-ta le-rea'-cha kamo-cha«, üblicherweise übersetzt mit »Liebe Deinen Nächsten wie Dich selbst«[24], oder »Liebe Deinen Nächsten – er ist wie Du« (Zunz[25]) steht im 3. Buch der Tora, Kapitel 19, Vers 18.[26] Formal betrachtet ist es eine der vielen Stellen in der Tora, an denen der Verfasser – nach jüdischer Überzeugung Moses im

---

23   »Altes Testament« ist ein christlicher Ausdruck. Für die Juden ist es einfach die Bibel. Denn die Überlieferungen vom Leben und Sterben Jesu, das christliche »Neue Testament«, gehören für die Juden nicht zur Bibel.

24   Wörtlicher: »und-lieb-Du dem-Nächsten-Dein wie-Du«. Es ist völlig unklar, warum es »dem« Nächsten heißt anstatt »den« Nächsten (hebräisch »le-« anstatt »et«); die Kommentatoren, die dazu Stellung nehmen, können dieser grammatikalischen Variante keinen Sinn abgewinnen.

25   Leopold Zunz (1794-1886). Unter seiner Leitung entstand eine Neu-Übersetzung der Bibel ins Deutsche.

26   Die Tora – die »Weisung« – sind die »Fünf Bücher Moses«, der erste und wichtigste Teil der Bibel.

Auftrag Gottes – die Leser in der Befehlsform anspricht. Nach traditioneller jüdischer Zählung gibt es 613 solcher Stellen in Befehlsform. Diese Gebote und Verbote sind »Aufträge« Gottes (»Mizwot«, Einzahl »Mizwa«) an sein Volk, das sich ihn als Auftraggeber ausgewählt hat. An jeden dieser Aufträge haben sich fromme Juden und Jüdinnen zu halten: an solche, die wichtig erscheinen wie »Du sollst nicht töten«; an solche, die gezielter Vorarbeit bedürfen wie »Seid fruchtbar und mehret Euch«; an solche, die den heutigen Leser etwas ratlos hinterlassen wie das Verbot, aus Wolle und Baumwolle gemischte Kleidung anzuziehen; an solche, die human erscheinen wie »brate das Zicklein nicht in der Milch seiner Mutter«; und eben auch an solche wie »Liebe Deinen Nächsten wie Dich selbst«. Für orthodoxe Juden ist all dies gleich wesentlich – formal betrachtet: Der Auftrag, den Nächsten zu lieben wie sich selbst, muss erfüllt werden ebenso wie der Auftrag, keine Kleider zu tragen, die aus Baumwolle und Wolle gemischt sind.

Wie bei jedem Auftrag Gottes an sein Volk stellte sich dem Judentum die Frage, was nun genau mit diesem Auftrag gemeint ist. Diskussionen zu diesen Fragen werden seit mindestens 2000 Jahren lebhaft geführt, wurden vor rund 1600 Jahren im Talmud zusammengetragen[27] und beschäftigen auch heute noch das orthodoxe Judentum. Wesentliche Prinzipien dabei sind zumindest zwei, nämlich erstens, sich an den einfachen Wortlaut zu halten, zweitens aber auch »einen Zaun um die Tora zu machen«.

Vom ersten Prinzip, dem einfachen Wortlaut, ist mit dem »Nächsten« wohl eher der Mit-Israelit gemeint. Denn »Liebe Deinen Nächsten wie Dich selbst« ist der zweite Halbsatz eines Satzes, dessen erste Hälfte lautet »Räche nicht und trage nichts nach den Kindern Deines Volkes«. Und wenn sich der erste Halbsatz doch ausdrücklich auf »Kinder deines Volkes« bezieht, sollte das für den zweiten Halbsatz wohl auch gelten.

Jedoch werden Gottes Aufträge von der talmudischen Diskussion im Allgemeinen nie auf den einfachen Wortlaut reduziert. Denn wenn man die Gebote darauf eingrenzen würde, bestünde leichter die Gefahr,

---

27   s. oben, Fußnote 8.

sie nicht zu erfüllen. Dieses Prinzip nennt sich »einen Zaun um die
Tora aufstellen«. Ein bekanntes Beispiel ist der Auftrag, das Zicklein
nicht in der Milch seiner Mutter zu braten. Kochen könnte man es
dann ja eigentlich. Überhaupt: Kann man in Milch anbraten? Und
wenn man Kälbchen und Kuhmilch statt Zicklein und Ziegenmilch
nimmt, ist es doch sowieso erlaubt?! Solche Überlegungen schienen
den talmudischen Lehrern nur dazu angetan, den Auftrag nicht zu
erfüllen. Ihnen schoben sie einen Riegel vor, indem sie aufgrund des
Auftrags, das Zicklein nicht in der Milch seiner Mutter zu braten, die
strikte Trennung von Milch- und Fleischprodukten beim Kochen und
Essen zur Verpflichtung erklärten.

Diese Logik ist ganz dem verhaftet, was man tatsächlich macht,
nicht dem, was wohl der moralische Sinn sein könnte. Wendet man
diese Logik nun auf den Auftrag der Nächstenliebe an, kommt man
auf folgende Überlegungen:

Selbst angenommen, der Auftrag soll tatsächlich nur gegenüber
Juden gelten: Kann man dann riskieren, ihn gegenüber beliebigen
Leuten, die man in Hamburg oder auf Mallorca trifft, nicht einzuhalten? Es könnte ja ein Jude darunter sein! Tatsächlich trifft man jüdische Minderheiten in allen Ländern, und selbst wenn einer aussieht
wie ein Chinese, könnte ja seine Großmutter mütterlicherseits zum
Judentum übergetreten sein, zum Beispiel als sie Kontakt mit deutschen Juden hatte, die vor Hitler nach Shanghai geflohen waren.
Das Gleiche gilt natürlich für eine Palästinenserin: Ihre Großmutter
könnte aus Bagdad stammen und dort dem Charme des jüdischen
Funktionärs der Kommunistischen Partei des Irak erlegen sein und
ihn vor einem Rabbiner geheiratet haben. Weiß man es? Selbst ein
deutscher Skinhead könnte – zu seinem größten Ärger – jüdischer
Herkunft sein. Es bleibt also gar nichts anderes übrig, in diesen Zeiten,
in denen jüdische Menschen nicht mehr in geschlossenen Stämmen
als Nomaden leben – und diese Zeiten begannen spätestens mit der
babylonischen Gefangenschaft ca. 600 v. J. –, als den Auftrag der
Nächstenliebe auf alle Menschen anzuwenden. Sonst könnte man in
die Gefahr kommen, ihn nicht zu erfüllen.

All dies mag den christlich geprägten Lesern etwas sonderbar vor-
kommen. Aber dies ist genuin talmudische Logik.

Im übrigen, schlicht und ergreifend, finden sich fünfzehn Verse
später folgende klaren Worte (3. Buch Mose, Kap. 19, 33-34): »Und
wenn es wohnt mit Dir ein Bewohner [d.h. der nicht zum jüdischen
Volk gehört] in Eurem Lande, quäl ihn nicht. Wie ein Bürger von
Euch sei Euch der Bewohner, der mit Euch wohnt, *und liebe ihn wie
Dich selbst*, denn solche Bewohner wart Ihr im Lande Ägypten, ich bin
Euer Gott.«

Ich habe erwähnt, dass von orthodoxen Juden alle Aufträge
der Bibel gleichermaßen beachtet werden müssen. Trotzdem: Die
Lehrmeister, deren Meinungen im Talmud zusammengefasst und
diskutiert werden und die damit das Judentum formten, wie wir es
heute kennen – diese Weisen haben Gewichtungen vorgenommen.
Es ist uns kein Weiser überliefert, der das Verbot der Mischkleidung
von Wolle und Baumwolle für das Wichtigste hielt. Relevanter: Es
ist uns auch kein Weiser überliefert, der den Auftrag, Auge mit Auge
und Zahn mit Zahn zu vergelten, für das Wichtigste hielt. Jedoch das
Gebot der Nächstenliebe wurde durchaus für zentral erklärt. So überliefert der Talmud [28] die Meinung von Rabbi Akiwa. Dies blieb nicht
undiskutiert. Aber hier hielt nun nicht etwa ein kerniger Altvorderer
das Prinzip des »rächenden Gottes« hoch. Vielmehr war der an dieser
Stelle im Talmud als Alternative zu Rabbi Akiwas Meinung zitierte
Rabbi ben Asai der Meinung, das wichtigste Prinzip der Tora sei, dass
Gott alle Menschen nach seinem Bilde erschaffen habe. Der Talmud
zitiert hier Ben Asai offenbar nicht, um Rabbi Akiwa zu widersprechen, sondern weil sich aus diesem Gleichheitsprinzip das von Rabbi
Akiwa betonte Gebot unmittelbar herleiten lässt, den Nächsten ebenso zu behandeln wie man sich selbst behandeln würde.

Rabbi Akiwa war einflussreich, aber noch einflussreicher war
Hillel. Dieser Hillel, geboren 70 v. J., war der bedeutendste geistige
Führer des Judentums während der Zeit des Zweiten Tempels. Er war

---

28   Laut www.juedisches-recht.de/rechtsgeschichte-solidaritaet.htm ist dieses Zi-
      tat aus dem jerusalemischen Talmud, Abhandlung »Nedarim« (Gelübde),
      Blatt 41. Siehe auch die dortigen Ausführungen. Ebenso die ausführliche
      Stellungnahme aus traditioneller Sicht von Rabbiner Bernhard Salomon
      Jacobson, aus Jacobson (1987), abgedruckt auf www.hagalil.com/judentum/
      torah/bina/naechstenliebe.htm

Vorsitzender des Obersten Gerichts und begründete ein Lehrhaus, dessen Interpretation des Gesetzes in den allermeisten Fällen gegenüber dem konkurrierenden Lehrhaus des Schamai im Talmud der Vorzug gegeben wurde. Es ist ein wiederkehrendes Gliederungselement der talmudischen Gesetzesdiskussionen, die Meinungen dieser beiden Lehrhäuser zu zitieren. Mit ganz wenigen Ausnahmen geht die vom Talmud am Ende der Diskussion empfohlene Praxis dann nach der Meinung des Lehrhauses Hillel. Zum Beispiel haben es vermutlich die christlichen Leser dieses Buches Hillel zu verdanken, dass sie »erst eins, dann zwei, dann drei, dann vier« Adventskerzen anzünden – wenn man annimmt, dass dieser Brauch dem jüdischen Chanuka nachempfunden wurde, bei dem an den acht Chanuka-Abenden im Dezember jedes Mal eine Kerze mehr angezündet wird als am vorigen Abend. Dies nämlich ist die Empfehlung des Lehrhauses von Hillel. Das Lehrhaus von Schamai empfahl, von acht bis eins herunterzuzählen – mit gutem Grund, entsprechend einem bei Opfergaben von der Tora berichteten Brauch. Hillels Lehrhaus setzte diesem formal korrekten Argument – unter dem Beifall des Talmud – ein eigenes gestalterisches Prinzip entgegen: »Steigern muss man bei Heiligem, nicht reduzieren« (Traktat vom Schabbat, Blatt 21b). Mir ist dieser Disput zwischen Hillel und Schamai so gut bekannt, weil mein Onkel Arje ihn in seiner Ansprache zu meiner Bar-Mizwah – die an Chanuka war – zitierte.

Zu diesem Hillel – so erzählt der Talmud im Traktat über den Schabbat (Blatt 31a) – kam eines Tages ein Nichtjude, wahrscheinlich ein Römer. Vorher hatte er bereits Schamai aufgesucht, um zum Judentum überzutreten. Dabei hatte er allerdings eine Bedingung gestellt: »dass Sie mir die ganze Tora beibringen in der Zeit, in der ich auf einem Bein stehen kann.« Er hatte also die Frage nach dem Wesentlichen gestellt, allerdings in spöttischer Form. Schamai sah offenbar nur den Spott; jedenfalls berichtet der Talmud, dass Schamai sich ärgerte und wütend gegen den Mann handgreiflich wurde. Der Mann ging nun zu Hillel und stellte ihm die gleiche Frage. Hillel erfasste offenbar, dass es hier um die Frage nach dem Wesentlichen ging. Er ging daher auf den Mann ein, ließ ihn sich auf ein Bein stellen und sagte zu ihm: »deAlach Ssani leChawrach lo ta'awed – Was Dir verhasst ist, tu Deinem Nächsten nicht an.« Und fügte diesem Satz noch an: »Das ist die ganze Tora, der Rest ist Erläuterung. Geh und lerne.«

All dies ließ unseren französisch-deutschen RaSchiJ, den bedeutendsten, meistgedruckten und einflussreichsten Bibel- und Talmudkommentator[29], zum Vers »Liebe Deinen Nächsten wie Dich selbst« anmerken: »Rabbi Akiba sagte: Dies ist ein großer Grundsatz (»khlal«) in der Tora.« Wozu die »Sprachen der Weisen« erklärend ergänzen: »Damit will er (RaSchiJ) sagen: In diesem Auftrag ist die ganze Tora enthalten (»ni-khlal«), – so wie der alte Hillel sagte.«[30]

Die Anekdote über Hillel gibt offensichtlich eine nochmalige Antwort auf die Frage, inwieweit der Auftrag der Nächstenliebe sich auch auf Nichtjuden bezieht. Der Mann, den er direkt anspricht, ist ja Nichtjude. Vermutlich ist er ein römischer Besatzungssoldat. Er könnte auch ein israelischer Bulldozerfahrer sein, der ein palästinensisches Haus plattwalzt. Oder ein deswegen steinewerfender palästinensischer Jugendlicher. Oder ein verhetzter und überforderter israelischer Soldat, der auf diesen Jugendlichen schießt. Oder eine Palästinenserin, die ihren ermordeten Bruder rächen will und sich deswegen in einem Haifaer Strandrestaurant in die Luft sprengt. In jedem Fall – so Hillel – gilt das Prinzip: »Was Dir verhasst ist, tu Deinem Nächsten nicht an. Das ist die ganze Tora, der Rest ist Erläuterung. Geh und lerne.«

Nach diesem Prinzip haben in der Tat die Juden, so gut es ging, seit Hillel und Rabbi Akiwa jahrtausendelang gelebt und gehandelt.

Die ersten Juden, die dieses Prinzip eindeutig und explizit in Wort und Tat ablehnten, waren die »Revisionisten«, eine Fraktion innerhalb der zionistischen Bewegung. Diese Fraktion erhielt ihren Namen, weil sie das offizielle zionistische Programm revidierte, wonach Juden und Araber in Palästina gleiche Rechte haben sollten. Sie revidierten damit aber nicht nur den Zionismus, sondern auch das Judentum.

---

29   RaSchiJ ist die Abkürzung für Rabbi Schlomo Jizchaki, 1040-1105, aus Troyes, der lange in Worms und Mainz lebte.

30   abgedruckt in: Der Chumasch mit 26 Kommentierungen (in hebräisch). Verlag Epstein Brothers, Jerusalem, 1960.

KAPITEL 5

Die zionistische Bewegung

Um 1866 gab es in Mittel- und Osteuropa sechs Staaten: Die Schweiz, das Habsburger Reich, das Russische Reich, das Osmanische Reich, und als einzige Nationalstaaten einheitlicher Sprache das 1830 unabhängig gewordene Griechenland und das sich formierende Deutsche Reich.

1890 waren es zehn Staaten. Dazugekommen waren: Bulgarien, Rumänien, Serbien, Montenegro.

1918 waren es sechzehn Staaten. Dazugekommen waren: Polen, Litauen, Lettland, Estland, Tschechoslowakei, Ungarn, Albanien, Jugoslawien (zu dem sich Serbien und Montenegro mit anderen Gebieten zusammenschlossen).

Es war in dieser Atmosphäre nur natürlich, dass auch unter den Juden Osteuropas, im Russischen Reich, der Wunsch nach einem eigenen Staat Anhänger fand. Für diesen Wunsch sprach, dass sie sich durch eine Reihe wesentlicher Merkmale von den Volksgruppen in ihrer Umgebung, die ihrerseits nach nationaler Unabhängigkeit strebten, unterschieden:

a) Durch ihre Sprache. Die Juden sprachen durchweg Jiddisch, eine auf dem Deutschen basierende Sprache mit vielen Einsprengseln aus dem Hebräischen und – je nach Umgebung – polnischen, russischen oder anderen Wörtern. Zum Beispiel beim für mich zutreffenden Satz »Taitsch is gewejn mejn tattes mamme-luschen« – »Jiddisch ist meines Vaters Muttersprache gewesen« – ist »luschen« (mit lang ausgesprochenem U) das hebräische Wort für

Sprache in polnisch-jüdischer Aussprache, »tatte« kommt aus den slawischen Sprachen. Dass die Juden diese Sprache so für sich pflegten und behielten, zeigt, wie kulturell getrennt sie von ihrer Umgebung lebten. Dass sie diese Sprache »taitsch«, also »deutsch«, nannten, zeigt jedoch auch, wie kulturell eng verbunden sich das osteuropäische Judentum bis 1933 der deutschen Nation gefühlt hatte.

b) Durch ihre Schrift. Jiddisch wurde mit für diese Zwecke adaptierten hebräischen Buchstaben geschrieben. Das wirkt sehr exotisch, war aber eigentlich sehr praktisch, weil in einem Teil der jüdischen Siedlungsgebiete das kyrillische Alphabet verwendet wurde, im anderen Teil das lateinische, und sich daher die Juden untereinander schlechter hätten verständigen können, wenn sie sich für das eine oder andere dieser beiden Alphabete entschieden hätten. Im übrigen musste das hebräische Alphabet sowieso für das Lesen des Gebetbuchs gelernt werden, bot sich also als einheitliche Schrift für alle Juden an. Die Rolle des Jiddischen in Wort und Schrift können wir heute kaum noch erahnen. Auf Jiddisch schrieben nicht nur die Rabbiner ihre Predigten, sondern auch Hausfrauen ihre Einkaufszettel, Isaak Singer seine Romane und der »Bund«, die sozialistische Organisation der Juden im Zarenreich, seine Flugblätter. Beispielsweise sieht man im US-amerikanischen Einwanderungsmuseum auf Ellis Island Fotos von den ersten Arbeiterdemonstrationen in den USA mit Transparenten in Jiddisch.

c) Durch ihre Religion. Allerdings war auch die Aufklärung nach Osteuropa gekommen, trotz der rückständigen Kultur und Ideologie des Zarenreichs, und stürzte viele Juden in Identitätskonflikte. Trotzdem bildete die Religion weiterhin das wesentliche Unterscheidungsmerkmal zwischen Juden und ihrer christlich-orthodoxen oder christlich-katholischen Umgebung.

d) Durch ihre soziale Diskriminierung. Diese war im russischen Zarenreich massiv. Juden war durchweg der Zugang zu höherer Bildung verwehrt. Jüdische Männer mussten dreißig Jahre in der Armee dienen, wenn sie eingezogen wurden. Juden waren periodisch die Opfer von Pogromen.

Aufgrund all dieser Besonderheiten musste im allgemeinen Klima des nationalen Aufbruchs in Europa auch bei den Juden im Zarenreich der Wunsch nach einem eigenen Staat entstehen. Der bekannteste Ausdruck dieses Wunsches ist das Buch »Auto-Emanzipation« des Odessaer Arztes Leon Pinsker. Der Titel drückt die Idee aus, dass es an den Juden selbst ist, ihr Schicksal der Diskriminierung zu beenden: indem sie einen eigenen Staat gründen und dort Zugang zu all den Berufen erhalten, die ihnen im Zarenreich verwehrt sind, insbesondere dem Beruf des Bauern.

Die Frage war selbstverständlich, wo die Juden diesen Staat gründen wollten. Alle anderen kulturell und sprachlich definierten Gruppen konnten ihren Staat dort gründen wo sie auch wohnten: Die Bulgaren in Bulgarien, die Griechen in Griechenland, die Litauer in Litauen. All diese Nationenbildungen hatten durchaus ihre Probleme: Andere Bevölkerungsgruppen wurden vertrieben oder zu einer unterprivilegierten Minderheit herabgestuft, weil ansonsten die Nationenbildung nicht möglich erschien. Die Juden allerdings waren überall in der Minderheit. Sie konnten nicht die Ukrainer aus der Ukraine vertreiben und die Polen aus Polen. Wenn sie einen eigenen Staat gründen wollten, brauchten sie ein eigenes neues Land.

Eine Alternative zur utopisch erscheinenden kollektiven Staatenbildung war daher die individuelle Suche nach einem neuen Land. Viele Juden aus dem Zarenreich suchten sich ihr neues Land selbst. Wer konnte oder im Zarenreich nichts mehr zu verlieren hatte, wanderte aus, in die USA und in die Länder West- und Mitteleuropas. Die Familie meines Vaters wanderte 1905 aus dem polnischen Teil des russischen Zarenreichs nach Deutschland ein, nach Falkenstein im Vogtland.

Pinsker jedoch, Autor der »Auto-Emanzipation«, gründete die »Chowewej Zion« (hebräisch für »Freunde Zions« – allein schon durch die Wahl und Wiederbelebung der hebräischen Sprache, die bis dahin vom jiddisch sprechenden traditionellen Judentum nur für religiöse Zwecke benutzt wurde, wollte man einen kulturellen Neuanfang signalisieren), und erste Gruppen von Juden aus dem Zarenreich überquerten die Grenze ins Osmanische Reich und siedelten sich im Norden des heutigen Israel an. Unterstützung für diese kollektive Lösung kam von einigen wenigen Juden aus Mittel- und Westeuropa. Ein bekanntes und herausragendes Beispiel dafür ist der französische Baron de Rothschild, der landwirtschaftliche Projekte in den Provinzen Jerusalem und Beirut des osmanischen Reiches, im heutigen Israel, finanzierte. Diese westliche Unterstützung war mittelbar verursacht durch die massenhafte individuelle Auswanderung aus Osteuropa. Beispielsweise Rothschild war offenbar beseelt durch den Wunsch, dass das neue Land der ostjüdischen Auswanderer lieber Galiläa als Frankreich sein sollte. Denn in Frankreich schwelte trotz formal gleicher Rechte das Ressentiment gegen Juden weiter, und man konnte befürchten, dass durch die Einwanderung von Juden aus dem Zarenreich, die den Franzosen kulturell fremd sein könnten, sich in der französischen Politik dieses Ressentiment verschärfen würde.

In der Tat wurde für die folgende Entwicklung ein Ereignis entscheidend, bei dem es um französische Ressentiments gegen Juden ging, die »Dreyfus-Affäre«. Irgendjemand hatte 1894 dem deutschen Militärattaché in Paris geheime französische Militärdokumente zugespielt. Dies war ein schwerer Fall von Geheimnisverrat, denn Deutschland und Frankreich waren damals tief verfeindet, 20 Jahre nach dem Krieg von 1870/71 und 20 Jahre vor dem Ersten Weltkrieg. Es gab einen jüdischen Offizier im Generalstab, Oberst Alfred Dreyfus. Ein Jude im Generalstab wäre im Deutschen Reich und im Zarenreich völlig undenkbar gewesen, in Frankreich dagegen war es möglich, aber offenbar auch nicht selbstverständlich. So kam es, dass Dreyfus in Paris des Landesverrats angeklagt wurde. Belege dafür gab es nicht, außer der Tatsache, dass er jüdisch war. In einem krassen Unrechts-Urteil wurde Dreyfus aus der Armee ausgestoßen und zu Verbannung und Zwangsarbeit verurteilt. Der eigentliche Schuldige, ein Adliger in Geldnot, wurde 1896 entdeckt, aber Anfang 1898 freigesprochen.

Wesentlich für den weiteren Gang der Weltgeschichte war, dass der Wiener Journalist Theodor Herzl als Reporter zum Dreyfus-Prozess geschickt worden war. Zutiefst aufgewühlt über dieses Schandverfahren entschloss sich Herzl, für einen jüdischen Staat zu kämpfen, und verfasste das Manifest »Der Judenstaat« (1896).

Herzls Grundannahme aufgrund der Erlebnisse beim Dreyfus-Prozess und aufgrund massiver Judenfeindlichkeit in Wien war die Allgegenwart und Unvermeidlichkeit von Judenhass. Der wesentliche Grund dieses Hasses sei, dass die Juden wegen des Fehlens eines eigenen Staates prinzipiell wie Dreyfus als vaterlandslose Subjekte erscheinen müssten. Sobald es aber eine jüdische Heimstätte gäbe, könnten Juden der Welt zeigen, dass sie ihr Vaterland so liebten wie andere auch.

In dieser Hinsicht war Herzl komplett ein Kind seiner Zeit, in den konservativen Kategorien des Bürgertums denkend. Tatsächlich war der französische Judenhass keineswegs unabänderbar. In Frankreich entbrannte ein heftiger Kulturkampf. Der Romanschriftsteller und Journalist Emile Zola entfachte eine öffentliche Kampagne zur Revision des Dreyfus-Prozesses. Die Kampagne war erfolgreich, Dreyfus wurde 1906 vollständig rehabilitiert. Mehr noch: Die Hauptträger der judenfeindlichen Propaganda wurden aus dem öffentlichen Leben zurückgedrängt, als 1902 die Linke die Wahlen gewann. Dies betraf vor allem die katholische Kirche, die sich während der Dreyfus-Affäre unrühmlich hervorgetan hatte. Diese kirchliche Einmischung in politische Angelegenheiten war der letzte Auslöser, dass die neue sozialdemokratische Regierung die bis heute fortbestehende völlige Trennung von Kirche und Staat durchsetzte. Es erfolgte also binnen weniger Jahre eine radikale Änderung des herrschenden politischen Klimas, zugunsten der Gleichheit aller Bürger vor dem Gesetz, als einem Ideal der französischen Revolution. Aber der Stein war nun durch die Dreyfus-Affare ins Rollen gebracht.

Herzl nahm zunächst keinerlei Bezug auf jüdische Tradition und Kultur. Beide waren ihm, der säkular im Habsburger Reich aufgewachsen war, fremd. Ihn interessierte nur, ein Land zu finden, in dem genügend Platz wäre, damit dort eine größere Menge von Juden einwandern könnte. Gleichzeitig – es war das Zeitalter des Kolonialismus und europäischen Größenwahns – sollte dies ein unterentwickeltes Land sein, in das die Juden als europäisches Volk das Licht des technischen Fortschritts und der Aufklärung bringen könnten. Konsequenterweise diskutierte die von Herzl gegründete Organisation, der »Zionistische Kongress«, über Uganda, Madagaskar und Zypern als mögliche

Länder für die Gründung eines jüdischen Staates. Diese Ideen stießen
jedoch bei der großen Mehrheit anderer zionistischer Juden auf ent-
schiedene Ablehnung. Das Land der Juden konnte nur das biblische
Versprochene Land sein, andernfalls würde man niemanden von der
zionistischen Idee überzeugen können. Nur indem der Zionismus sich
entschieden auf das Land bezog, in dem einmal der Tempel stand,
konnte er von sich sagen, er verfolge das Ziel, um das die Juden seit
Jahrtausenden gebetet hätten.

Das gesamte Projekt stieß allerdings auf die Ablehnung der meisten traditionell denkenden Juden.

Der Lubawitscher Rebbe[31], Rabbi Schulem Schneerson, analysier-
te 1903[32], die Zionisten seien noch verwerflicher als die jüdischen anti-
religiösen Aufklärer. Den Aufklärern sei immerhin bewusst, dass sie
sich vom Weg der Tora und des Judentums entfernt hätten, und sie
ließen gegenüber anderen auch keinen Zweifel daran. Daher gebe es
für traditionell denkende Juden die Möglichkeit, gegen die Aufklärer
im Namen des Judentums zu argumentieren. Anders als die Aufklärer
würden die Zionisten jedoch behaupten, ihre Abkehr von der Religion
geschehe im Namen des Judentums. Sie hätten den Nationalismus
zu einem Ersatz für die Tora und die Gebote gemacht. So habe der
Zionist Mandelstam in einem Offenen Brief klipp und klar erklärt,
ein Jude sei nicht jemand, der Tefilin lege, den Schabbat einhalte und
auch sonst alle Gebote befolge, sondern Jude sei der Zionist. Ebenso
habe in der Zeitschrift haSchiloach[33] gestanden, Jude sei auch jemand,
der alle Gebote der Tora überschreite, der sogar die Existenz Gottes
leugne, wenn er nur auf Seiten der jüdischen Nation stehe. Früher
– so eine andere Zeitschrift – sei die jüdische Religion notwendig gewesen, um für den sozialen Zusammenhalt des jüdischen Volkes zu
sorgen; in den heutigen Zeiten gehe die Rolle der Religion zurück,
daher benötige das jüdische Volk etwas anderes, um weiterhin als
Volk zu existieren: die Idee der Nation. Das Ergebnis dieser Agitation
– so der Lubawitscher Rebbe – sei, dass sich die Juden im Namen

---

31   Ljubawitsch ist wohl eine Stadt in der heutigen Ukraine

32   s. Schneerson (1903; 1970)

33   Herausgegeben von Achad ha'Am (s. unten)

des Judentums von Gott und ihrer Religion abwendeten! Jedoch sei die ganze Idee eines jüdischen Nationalismus gegen die jüdische Tradition: Das jüdische Volk habe das Joch des Exils zu tragen, dies sei wesentlicher Bestandteil seiner Existenz, und es sei nur an Gott, durch den Maschiach diese Situation zu ändern.

Ebenso argumentierten die meisten traditionellen religiösen Führer, zum Beispiel der Gerer Rebbe (Alter, 1901), oder auch der Rabbiner von Lübeck, Dr. Salomon Carlebach, und schlossen sich in der »Aguda« (»Union«) zusammen.

Auch mein Onkel Pinchas Elijahu hat für die Aguda gegen die Zionisten gepredigt und wegen seiner Begabung als Redner damit viele Menschen überzeugt. Pinchas Elijahu war der Lieblingsbruder meines Vaters. Daher gab mein Vater meinem Bruder diesen Namen, seinem Erstgeborenen nach dem großen Morden, dem seine ganze Familie zum Opfer gefallen war. Der Namensgeber selbst, Pinchas Elijahu Verleger, war auf offener Straße von der SS erschossen worden.

Nun ist zwar die Gegnerschaft der Aguda gegen den Zionismus durchaus konsequent in Übereinstimmung mit der traditionellen Haltung der jüdischen Religion zum jüdischen Staat (s. oben, Kapitel 3). Man kann aber nur schwer den rückwärtsgewandten Beigeschmack ihrer Argumentation übersehen. Dass man sich nicht um aktuelle Probleme kümmern soll, sondern lieber auf den Messias warten möge, klingt ein wenig so wie die Aufforderung, das Denken den Pferden zu überlassen, da diese die größeren Köpfe haben.

Um so interessanter ist die Kritik von Achad ha'Am (»Einer aus dem Volk«). Unter diesem Pseudonym verfasste Ascher Ginsburg (1856-1927) auf Hebräisch, der Sprache der Zionisten, Kommentare zur zionistischen Bewegung. In »Die Umwertung der Werte« (1898, 1970) kommentiert er beispielsweise die Übernahme der Nietzsche'schen Ideologie vom »Übermenschen« durch russische Zionisten. Diese wollten mit dieser Ideologie die als einengend und rückständig empfundene traditionelle jüdische Ethik hinter sich lassen. Achad ha'Am merkt dazu an, dass die Idee des »Übermenschen« durchaus ihr Gutes habe: Es erscheine abstrakt und gleichmacherisch, als moralisches Ziel zu deklarieren, dass sich die Menschheit im Allgemeinen verbessern solle. Wesentlicher und konkreter könne es sein, dass einzelne

Menschen besondere Qualität erstreben sollten. Nietzsche habe dies aber aufgrund seines germanisierend-volkstümelnden Geschmackes in Richtung der »blonden Bestie« ausgeformt, als den wiedererstandenen Recken des alten Germaniens. Als Jude müsse man jedoch die Integration mit den jüdischen Werten anstreben, und das bedeute, dass das Streben jeder Generation dahingehen müsse, dass Einzelne – man möge sie »Übermenschen« nennen – besondere *moralische* Qualitäten anstreben müssten. Ein solches Ziel besonderer moralischer Qualität sei eben nicht ein alter Zopf, den der moderne jüdische Nationalismus nun als erstes abschneiden müsse. Vielmehr sei eine jüdische nationale Wiedergeburt ohne Rückgriff auf die jüdische moralische Tradition nicht vorstellbar.

Herzl selbst – und dies prägte die Hauptlinie der zionistischen Ideologie bis 1944 (leider nicht der Praxis) – war kein Anhänger von Ideen des »Kampfs ums Dasein« und des »Übermenschen«. Er propagierte nicht die Verdrängung der arabischen Bewohner von Palästina, sondern forderte vielmehr ihre Gleichberechtigung in einem multikulturellen Staat. In seinen Tagebüchern (zitiert im folgenden aus Kohn, 1958) notierte er: »Mein Testament für das jüdische Volk: Euren Staat so zu erbauen, dass ein Fremder zufrieden bei Euch lebt«. Und in seinem visionären Buch »Altneuland« wandte er sich ausdrücklich gegen die Idee, dass Juden in dem zu schaffenden Staat aufgrund ihrer Herkunft oder Religion eine privilegierte Stellung haben dürften. »Wir stehen auf den Schultern anderer zivilisierter Völker … Was wir besitzen, verdanken wir dem vorbereitenden Werk anderer Völker. Daher haben wir unsere Schulden zurückzuzahlen. Es gibt nur einen Weg dafür: Die größtmögliche Toleranz. Unser Motto muss daher sein, jetzt und immerdar: Mensch, Du bist mein Bruder.« Daher kann auch in »Altneuland« der Araber Reschid Bey zu einem europäischen Besucher sagen: »Würden Sie jemanden als Eindringling oder Räuber ansehen, der ihnen nichts wegnimmt, sondern Ihnen im Gegenteil etwas zukommen lässt? Die Juden haben unser Leben bereichert, wie können wir Zorn auf sie empfinden? Sie leben mit uns als unsere Brüder, warum also sollten wir sie nicht lieben?«

Theodor Herzl starb 1904, im Alter von 44 Jahren. Er erlebte weder den Erfolg noch die Perversion seiner Vision.

Bei den Volksbewegungen für die Entstehung der europäischen Nationalstaaten im 19. Jahrhundert aus den großen Imperien Osmanisches Reich, Habsburgisches Reich und Zarenreich handelte es sich nach allgemeinem Verständnis um »linke«, »fortschrittliche« Bewegungen. Feudale Strukturen wurden aufgelöst, die Sprachen der Völker wurden offizielle Sprachen, Märtyrer aus dem Kampf für die Volksfreiheit bekamen den ihnen zustehenden Platz in der offiziellen Kultur der neuen Staaten. Nichts unterscheidet die jüdische nationale Volksbewegung im Zarenreich von diesen anderen linken, bürgerlichen, nationalen, »fortschrittlichen« Volksbewegungen, außer der Tatsache, dass die jüdische nationale Bewegung keines ihrer Wohngebiete als ihr Staatsgebiet beanspruchen konnte, denn die Juden waren überall in der Minderheit. Im Gegenteil: Die jüdische nationale Bewegung hatte noch mehr als andere nationale Bewegungen ihre Berechtigung, denn Juden wurden periodisch Opfer von Pogromen. Zwischen 1903 und 1906 beispielsweise fielen 2000 Juden[34] den Pogromen im Zarenreich zum Opfer.

Die Volksbewegungen handelten nicht in einem politischen Vakuum. Vielmehr wurde die Entstehung der neuen Nationen entscheidend begünstigt, wenn eines der anderen Reiche diesen Prozess förderte. Zum Beispiel hat dasselbe Russland, das in Polen, Litauen, Lettland, Estland seit Jahrhunderten wegen seiner übergriffigen Großmachtpolitik gehasst wird, in Bulgarien bis zum heutigen Tag ein hervorragendes Image. Denn es war Zar Nikolai, der 1877 das Osmanische Reich zwang, Bulgarien die Selbständigkeit zu geben, nachdem zunächst ein bulgarischer Aufstand gegen das Osmanische Reich von dieser Feudalmacht in einem Blutbad mit Tausenden Toten niedergemacht wurde. Noch heute ist die Hauptstraße in Sofia nach dem »Zar dem Befreier« benannt.

Herzl agierte vor dem Ersten Weltkrieg. Der jüdische Staat in Uganda, Madagaskar oder Zypern hätte keines der europäischen Großreiche direkt betroffen und erschien ihm wohl aus diesem Grund ein aussichtsreicheres Unternehmen als ein jüdischer Staat im alten Judäa, denn dieses Gebiet musste dem Osmanischen Reich weggenom-

---

34   Quelle für diese Zahl: http://de.wikipedia.org/wiki/Pogrom

men werden. Dies konnten die Juden nicht durch einen Volksaufstand
tun, anders als die Bulgaren oder die Griechen, denn sie waren ja noch
gar nicht in diesem Land wohnhaft. Für ein solches Projekt mussten
also mächtige Fürsprecher gefunden werden, sonst war es aussichts-
los. Herzl setzte auf den Deutschen Kaiser, Wilhelm II. Die Idee war,
dass durch eine jüdische Kolonie das Deutsche Reich einen wichtigen
Vorposten in dieser strategisch wichtigen Region bekommen könnte,
bewohnt von Menschen, die allein schon durch ihre Sprache (das
»taitsche« Jiddisch) mit der deutschen Kultur verbunden waren, geführt von einer in Deutschland und dem deutschsprachigen Teil des
Habsburgerreichs aufgewachsenen Elite. Tatsächlich hatte Herzl in dieser Sache eine Audienz bei Wilhelm II., in Palästina, als der Deutsche
Kaiser auf Staatsbesuch im Osmanischen Reich war. Aber aus dieser Idee wurde letztlich nichts, wegen Herzls frühem Tod oder weil
Wilhelm II. den Juden doch nicht die Vertretung deutscher Interessen
anvertrauen wollte oder weil sich die Interessenlage des Deutschen
Reichs als Verbündetem des Osmanischen Reichs im 1. Weltkrieg
letztlich anders darstellte oder nur deswegen, weil Deutschland wegen
der Niederlage im 1. Weltkrieg nicht die Gelegenheit zur Umsetzung
dieser Idee bekam.

Auf dem von Herzl vorgezeichneten Weg gelang es jedoch dem nach
England berufenen jüdischen Chemieprofessor Chaim Weizman, die
britische Regierung zu überzeugen, die »Einrichtung einer jüdischen
Heimstätte in Palästina mit Wohlwollen zu betrachten«. Dies erklärte
der britische Außenminister Lord Balfour 1917 in einer offiziellen Note.
Die Motive der britischen Regierung für diese Haltung waren vermutlich komplex. Man war die führende Weltmacht und wollte es bleiben.
Man wünschte den Zerfall des Osmanischen Reiches und wollte daher
ein neues System an dessen Stelle setzen. Großbritannien hatte zwar
den Aufstand der Araber gegen die osmanische Herrschaft mit Geld
und Waffen unterstützt, aber die arabischen Strukturen ließen sich aus
britischer Sicht schwer einschätzen, dagegen war Weizman, der für
die britische Kriegsproduktion als Chemiker sehr Nützliches geleis-
tet hatte, zweifellos britenfreundlich. Wenn es die Briten nicht täten,
würde es vielleicht eine andere Macht tun, sei es der Deutsche Kaiser,
mit dem man noch im Krieg lag, oder die Schwellenmacht USA, de-

ren Präsident Wilson verdächtige Reden von der Universalität der Menschenrechte führte. Nicht zuletzt war Russland ein Pulverfass: Der Zar war gestürzt, die Juden hatten zum ersten Mal in der russischen Geschichte gleiche Rechte wie alle anderen, viele Unterstützer der jetzt herrschenden Sozialdemokraten waren Juden (u.a. der »Bund«, die große nicht-zionistische sozialistische Organisation), der Kriegsgegner Deutschland führte Geheimverhandlungen mit dem radikalen Lenin in dessen Zürcher Exil – es war sehr unklar, was in nächster Zeit auf russischem Boden politisch geschehen würde. Möglicherweise war eine Massenemigration von Juden zu befürchten, größer als 1905, und es wäre sicher günstig, wenn sich diese Emigration ins ferne Arabien wenden könnte anstatt zum Beispiel nach London, wo sich sowieso schon allerlei Volk anderer Hautfarbe tummelte und die britischen Sitten durcheinanderbrachte. Man wusste ja auch, dass diese russisch-jüdischen Emigranten extrem links eingestellt waren, kollektive Bewirtschaftung propagierten und sogar das Fundament jeden Staates, die Familie, abschaffen wollten. Solche Leute sollten ihre Gesellschaftsexperimente nicht in einem wichtigen Staat wie Russland oder Großbritannien durchführen – die palästinensische Wüste und das galiläische Sumpfland waren kein schlechter Ort für sie; da konnten sie sich die Hörner abstoßen und würden dann vielleicht am Ende ganz honorige Leute, so wie dieser Weizman.

Großbritannien ließ sich also nach dem Ende des 1. Weltkriegs und der damit einhergehenden Zerlegung des Osmanischen Reichs ein offizielles Mandat vom auf USA-Initiative entstandenen Völkerbund für die Verwaltung dieses Landstrichs geben. Er hieß nun offiziell »Palästina« – und so kam also das jüdische Volk zu seiner Heimstätte, als Vorposten des Britischen Reiches im Nahen Osten.

Das Konzept der »Heimstätte« konnte sich durchaus auf Vorstellungen Theodor Herzls berufen. Der erste britische Hohe Kommissar für das Mandatsgebiet, Sir Herbert Samuel (der mit diesem Posten wegen seiner Sympathie für die zionistische Bewegung betraut worden war), formulierte es wie folgt (zitiert aus Kohn, 1958). »Ich höre es vielerorts, dass die arabische Bevölkerung Palästinas niemals zustimmen wird, dass ihr Land, ihre heiligen Stätten und ihr Grund und Boden ihnen weggenommen und an Fremde fortgegeben wird … Die Leute sagen, sie könnten nicht verstehen, wie die britische Regierung, die in aller Welt für ihre Gerechtigkeit gerühmt wird, ihr Einverständnis zu einer solchen Politik gegeben hat. Ich antworte darauf, dass die britische Regierung niemals dazu ihr Einverständnis gegeben hat und dies auch niemals tun wird. … [Die Balfour-Deklaration] besagt, dass die Juden, als ein Volk, das zerstreut in alle Welt ist, aber dessen Herz immer nach Palästina gerichtet war, in den Stand gesetzt werden sollten, ihre Heimat zu finden, und dass manche von ihnen, in dem Rahmen, der durch die Anzahl und die Interessen der jetzigen Bevölkerung gesetzt ist, nach Palästina kommen sollten, um mit ihren Möglichkeiten und Energien das Land zum Vorteil all seiner Bewohner zu entwickeln. Wenn Maßnahmen nötig sind, um die muslimische und christliche Bevölkerung zu überzeugen … dass ihre Rechte wirklich gesichert sind, dann werden diese Maßnahmen ergriffen. Denn die britische Regierung, als Bevollmächtigte des Mandats für das Wohlergehen der Bevölkerung Palästinas, würde ihnen niemals eine Politik aufzwingen, von der diese Bevölkerung mit Recht annehmen könnte, sie sei ihren religiösen, politischen und wirtschaftlichen Interessen entgegengesetzt.«

Diese Worte benennen tatsächlich den zentralen Grund, aus dem sich Herzl für einen »Judenstaat« einsetzte. Ein solcher Staat wäre das real existierende Heimatland für die Juden in aller Welt, genauso wie Irland, Italien, China und Deutschland die real existierenden Heimatländer für Millionen in die USA ausgewanderter Iren, Italiener, Chinesen und Deutscher waren. Genauso, wie all die ausgewanderten Iren nicht wieder nach Irland zurückkehren müssten, um in den USA als gleichberechtigt anerkannt zu sein, müssten auch nicht alle Juden nach Palästina zurückkehren: Die pure Existenz eines jüdischen Heimatlands würde ausreichen. Sie wäre schon genug, um den Vorwurf an französische Juden wie Dreyfus oder Wiener Juden wie Herzl, sie seien vaterlandslose Gesellen, automatisch zum Verschwinden zu bringen und damit dem Antisemitismus seine wesentliche Grundlage zu entziehen. Die »Heimstätte« würde genau diese Funktion erfüllen. Mehr noch: Diese Heimstätte könnte allen Staaten der Welt als Vorbild gelten, wie Menschen aller Herkunft und aller Religionen friedlich zusammenleben könnten, so wie Herzl es in

»Altneuland« dargestellt hatte, und auch dieses Vorbild würde helfen, den Antisemitismus in Mitteleuropa zu bekämpfen.

Was allerdings in den nächsten Jahren folgte, war wohl kaum das, was sich die britische Regierung bei ihrer wohlwollenden Betrachtung der jüdischen Heimstätte vorgestellt hatte. Anstatt dass freundliche britische Kolonialbeamte mit unrasierten russisch-jüdischen Hippies kurzweilige Diskussionen über Kollektivismus und Familiensinn führen konnten, gab es Mord und Totschlag, und die britische Mandatsverwaltung saß zwischen allen Stühlen.

Die Juden, die vor den Pogromen und Diskriminierungen geflohen waren, die im Zarenreich, während des Bürgerkriegs nach der Oktoberrevolution und bei der Konstituierung der neuen osteuropäischen Staaten ausgebrochen waren, hatten die Mühen der Auswanderung nicht deswegen auf sich genommen, um nun als edles Vorbild für alle Welt zu gelten. Sie wollten ihren Staat aufbauen. Sie wollten sich endlich von niemandem mehr herumkommandieren lassen müssen. Sie wollten nicht Rücksicht nehmen. Sie wollten frei sein. Sie wollten ihre eigene Staatsform wählen. Und wenn die britische Mandatsverwaltung dies nicht gestattete, dann musste sie bekämpft werden.

Die arabische Welt war entsetzt über die Balfour-Deklaration. Araber hatten mit britischer Unterstützung gegen das Osmanische Reich revoltiert, aber die Einrichtung des palästinensischen Mandatsgebiets und die Abgrenzung einer britischen und einer französischen Einflusssphäre (seit dem Sykes-Picot-Abkommen von 1916) machten die arabischen Hoffnungen auf eine staatliche Wiederauferstehung zu nichte. Der britische Oppositionsführer MacDonald, Vorsitzender der Labour Party, schrieb 1922, nach seinem Besuch in Palästina (zitiert nach Kohn, 1958): »Niemand, der ein Organ für die Strömungen im Nahen Osten hat, kann sich mit dem Glauben trösten, dass die Araber vergessen oder vergeben haben oder dass das moralische Übel, das wir begangen haben, in Bälde keine politischen Nachwirkungen mehr haben wird. Wie wir die Moslems behandelt haben, ist ein Wahnsinn.«

Der Keim zu der kommenden Fehlentwicklung war früh gelegt und für nüchtern denkende Menschen klar erkennbar. Nachdem der oben erwähnte Achad ha'Am 1891 als 35-Jähriger zum ersten Mal

Palästina besucht hatte, betonte er in seinen folgenden Schriften immer wieder, dass dies nicht nur ein kleines Land sei, sondern auch
ein bevölkertes, kein leeres. Niemals könnte es der Forderung der
Gebetbücher nachkommen und den zerstreuten Juden aus allen vier
Ecken der Welt wieder eine Heimat geben. Das Judentum habe diese
Aufgabe aus gutem Grund dem Messias überlassen, da sie mit menschlichen Mitteln nicht erfüllbar sei. Den alteingesessenen Einwohnern
müssten die jüdischen Ankömmlinge mit Respekt entgegenkommen,
jedoch (zitiert nach Kohn, 1958): »Was tun unsere Brüder in Palästina?
Genau das Gegenteil! Knechte waren sie in den Ländern der Diaspora,
plötzlich finden sie sich in Freiheit wieder, und dieser Wechsel hat bei
ihnen eine Neigung zum Despotentum ausgelöst. Sie behandeln die
Araber mit Feindschaft und Grausamkeit, berauben sie ihrer Rechte,
beleidigen sie grundlos und prahlen obendrein mit ihren Taten; und
niemand unter unseren Leuten stellt sich dieser verachtenswerten und
gefährlichen Neigung entgegen.« Dies schrieb er 1891, als die zionistischen Siedler noch eine verschwindend kleine Minderheit in Palästina
bildeten. Achad ha'Am warnte: »Wir glauben, die Araber seien eine Art
Wilde, die wie Tiere leben und ihre Umwelt nicht verstehen. Dies ist jedoch ein großer Irrtum.« Zwanzig Jahre später, 1911, als es zu den ersten
gewaltsamen arabischen Unruhen gegen die jüdische Besiedlung kam,
schrieb er in einem Brief: »Ich beobachte dies von ferne mit blutendem
Herzen, besonders wegen des Fehlens jeder Einsicht und Verständnisses
von unserer Seite. Tatsächlich war doch bereits vor zwanzig Jahren klar,
dass der Tag kommen würde, an dem die Araber sich gegen uns erheben würden.« Zwei Jahre später, 1913, verhängte die Organisation
jüdischer Arbeiter in Palästina einen Boykott gegen Betriebe, die arabische Arbeiter beschäftigten. Die ideologische Begründung dafür war,
dass Juden sich nun endlich selbst als arbeitendes Volk zeigen müssten
und nicht nur als Kapitalisten, die von der Arbeit anderer lebten. Achad
ha'Am sah die massive Diskriminierung, die durch diese Ideologie
ein linkes Mäntelchen umgehängt bekam, und schrieb: »Ganz abgesehen von den politischen Risiken: Ich kann es nicht fassen, dass unsere Brüder moralisch in der Lage sind, sich dermaßen zu Menschen
aus einem anderen Volk zu verhalten. Und unwillkürlich überkommt
mich der Gedanke: Wenn das schon jetzt so ist, wie werden wir uns ge-

gen die anderen verhalten, wenn wir tatsächlich ‚am Ende der Zeiten'
die Macht in Erez Jissrael haben würden? Wenn das denn der Messias
sein soll, dann wünsche ich nicht, dass er kommt.«

Im gleichen Sinne schrieb der Prager Philosoph Hugo Bergmann
1919, späterer Mitbegründer der Hebräischen Universität Jerusalem,
kurz vor seiner Übersiedlung nach Palästina (zitiert nach Kohn,
1958): »Die Nagelprobe für den wirklich jüdischen Charakter unserer
Besiedlung von Palästina wird unser Verhältnis zu den Arabern sein
… Ein Übereinkommen mit den Einwohnern des Landes ist für uns
viel wichtiger als alle Deklarationen der Regierungen dieser Welt.
Dies ist der zionistischen Öffentlichkeit leider noch nicht bewusst.
Was in Palästina vor dem [1. Welt-] Krieg geschehen ist, war fast gänzlich dazu angetan, die Araber zu unseren Feinden zu machen. Eine
friedliche Begegnung und Verständigung mit ihnen ist jedoch für uns
eine Lebensnotwendigkeit.« Im gleichen Jahr forderte der deutsche
jüdische Philosoph Martin Buber, dass die Zionisten sich darauf kon-
zentrieren müssten, »eine dauerhafte und feste Übereinkunft mit den
Arabern auf allen Gebieten des öffentlichen Lebens zu schaffen und
aufrechtzuerhalten, eine umfassende brüderliche Solidarität« (zitiert
nach Kohn, 1958).

Tatsächlich klang die von Weizman angeführte Mehrheitslinie der
Zionistischen Bewegung in ihren offiziellen Verlautbarungen durchaus verständigungsbereit und friedlich. 1930, auf einem Treffen des
zionistischen Generalrats in Berlin, sagte Weizman, es sei nicht möglich, Palästina in einen jüdischen Staat zu verwandeln, denn »wir
können nicht und wollen nicht die Araber vertreiben«. Und auf dem
Zionistischen Weltkongress 1931 in Basel ging er, wie so oft, ausführlich auf dieses Problem ein. »Als wir unsere Arbeit der Errichtung
unseres nationalen Heimes in Palästina aufnahmen, haben weder wir
noch die britische Regierung die Interessen der palästinensischen
Araber aus den Augen verloren. […] Aber die Frage erwies sich als
viel komplizierter, als man angenommen hatte. […] Ich glaube, […]
dass ich es war, der das arabische Problem in den Vordergrund zionistischer Politik gerückt hat. […] Bereits in jenen Tagen traf ich mich
mit […] Emir Feisal, jetzigem König von Irak. Wir haben mit ihm einen Freundschaftsvertrag geschlossen. […] Heute, wo eine so große

Erbitterung herrscht und die Atmosphäre so vergiftet ist, ist es schwer, von den Mitteln zu sprechen, durch die das Ziel einer friedlichen Kooperation mit den Arabern erreicht werden könnte; aber eine Sache scheint mir vollkommen klar zu sein: Die Araber müssen fühlen und müssen überzeugt werden durch Tat und Wort, dass, welches immer das künftige numerische Verhältnis der beiden Völker in Palästina sein mag, wir für unseren Teil keine politische Beherrschung planen« (zitiert aus Krojanker, 1937, S. 236-237). Auf dem gleichen Kongress wandte er sich dagegen, als Ziel des Zionismus die Schaffung eine jüdischen Staates festzuschreiben, denn »Die Welt wird diese Forderung nur in einem Sinne verstehen, nämlich dass wir eine Mehrheit erlangen wollen, um die Araber zu vertreiben« ... »Wir Zionisten wissen, dass dies nicht unser Ziel ist ... Eine numerische Mehrheit wäre keine genügende Garantie für die Sicherheit unserer Nationalen Heimstätte. Die Sicherheit muss geschaffen werden durch verlässliche politische Garantien und durch freundschaftliche Beziehungen zu der nicht-jüdischen Welt, die uns in Palästina umgibt.« (zitiert aus Kohn, 1958).

Die Politik der Konfrontation mit den Arabern – die offensicht-lich der Stimmung an der jüdischen Basis in Palästina entsprach und wahrscheinlich entgegen Weizmans Worten und den guten Wünschen vieler eine unvermeidliche Folge der jüdischen Einwanderung und Landaneignung war – wurde offiziell nur von einer Minderheitslinie der zionistischen Bewegung propagiert. Dies waren die sogenannten »Revisionisten«, mit ihrem Sprecher Wladimir Se'ew Jabotinsky.[35] Sie waren es, die ganz offiziell das Ziel eines jüdischen Staates propagier-ten, und dies bedeutete, wie jedermann wusste, dass die arabische Bevölkerung Palästinas in diesem Staat nichts zu sagen haben sollte. Im Rahmen der international organisierten zionistischen Bewegung, die Wert auf guten Kontakt zu internationalen Organisationen und Regierungen legte, wäre eine solche gewaltsame politische Linie unangebracht gewesen. Vor Ort, in Palästina, bestimmte je-doch diese Einstellung das politische Geschehen, provoziert durch Gewaltausbrüche der arabischen Bevölkerung und diese weiter anhei-zend. Die Geschehnisse von Hebron aus dem Jahr 1929 kann man nur

---

35   »J« in Jabotinsky auszusprechen wie in Journal.

als Pogrom bezeichnen, vergleichbar mit den Pogromen, vor denen die Juden aus dem Zarenreich geflohen waren: Mehr als 60 überwiegend schon lange dort lebende jüdisch-orthodoxe Menschen wurden von arabischen Einwohnern in einer Gewaltorgie getötet. Bald darauf, im Juni 1938, gab der Vorsitzende der jüdischen Vertretungskörperschaft in Palästina, David ben Gurion, bei einer Sitzung seines Vorstands bezüglich der arabischen Bevölkerung zu Protokoll: »Ich bin für Zwangsumsiedlung; daran sehe ich nichts Unmoralisches.«[36] Damit hatte sich die Revision der jüdischen Tradition in der Führung der zionistischen Bewegung eingenistet. Der nationale Zweck heiligte die Mittel, moralische Skrupel waren nur ein Ballast aus der Vergangenheit. Ethik war etwas für Ghetto-Bewohner und Weichlinge, nichts für die sonnengegerbten nationalen Pioniere.

Auf diese schon damals katastrophale Lage trafen nun noch die Folgen des Ausbruchs von ungebremstem, andauerndem und systematischem Judenhass in Deutschland. Wer nicht aus Deutschland auswanderte, wurde zuerst entehrt, dann enteignet, schließlich verschleppt und getötet, durch Hunger und Entbehrung, durch Erschießen, durch Vergasen. Die Juden Deutschlands hatten noch etwa sechs Jahre lang eine gewisse Wahlmöglichkeit für ihre Auswanderung (von 1933 bis ca. Anfang 1939). Die Juden der von der Deutschen Wehrmacht ab 1939 eroberten und terrorisierten Länder Europas hatten diese Wahl nicht mehr. Ich liste zur Veranschaulichung die Schicksale meiner engsten Verwandten auf.

Meine Familie mütterlicherseits wohnte seit Generationen in Preußen und seiner Hauptstadt Berlin. Dies endete mit der Machtergreifung der Nazis.

- Meine Mutter wurde 1942, 17-jährig, mit der Reichsbahn von Berlin nach Estland verschleppt, überlebte Zwangsarbeit, Lagerhaft, Rücktransport und Todesmarsch.
- Ihre Eltern, Hanna und Bruno, kamen von dieser Verschleppungsaktion nicht mehr zurück. Hanna wurde direkt nach der Ankunft in Estland erschossen, da sie straffällig geworden war (nämlich in Berlin ohne Judenstern zum Friseur gegangen war). Bruno, der

---

36   Zitiert in Pappe (2007), S. 9.

Stiefvater meiner Mutter, überlebte ungefähr ein Jahr und ist seit Anfang 1944 in Estland verschollen.

- Ihr leiblicher Vater, Arnold, wurde nach Auschwitz verschleppt und kam nicht zurück.
- Die Eltern ihrer Mutter, Leopold und Hedwig, wurden nach Theresienstadt verschleppt, von dort vermutlich nach Auschwitz. Sie kamen nicht zurück.
- Ihr Großvater väterlicherseits, Adolf, starb bereits 1918. Seine Frau Rosa wurde vermutlich nach Theresienstadt verschleppt. Sie kam nicht zurück.
- Von den drei Geschwistern ihres Vaters überlebten zwei das Hitlerreich nicht, Rosa und Ella. Ihr Onkel Willy wanderte im letzten Moment 1938 weit genug aus, nach Australien.
- Beide Geschwister ihrer Mutter überlebten das Hitlerreich. Fritz wanderte klugerweise schon 1935 in die USA aus, Norbert fand noch 1938 einen Platz im Auswandererschiff nach Palästina und wanderte von dort 1946 ebenfalls in die USA aus.

Meine Familie väterlicherseits war erst 1905 nach Deutschland eingewandert. Daher hatten sie nicht die deutsche Staatsbürgerschaft und wurden deswegen 1938 aus Deutschland nach Polen zwangsausgewiesen. Nach dem Einmarsch der Wehrmacht in Polen 1939 wurden sie ihrer Bewegungsfreiheit beraubt und in Vernichtungslager verschleppt.

- Mein Vater überlebte Auschwitz. Die Häftlingsnummer war für den Rest seines Lebens in seinen Unterarm eingebrannt. »Das ist mein Autokennzeichen« sagte er, als ich ihn als kleines Kind danach fragte.
- Seine erste Frau, Rosa, und seine drei Söhne Heinrich, Me'ir, und der kleine Zwi, wurden in Auschwitz ins Gas gezwungen.
- Sein Vater war 1927 gestorben. Seine Mutter wurde nach Theresienstadt verschleppt und kam nicht zurück.
- Von seinen sieben Geschwistern überlebte der jüngste, Adolf. Sein Bruder Pinchas wurde, wie oben erwähnt, von der SS auf offener Straße erschossen. Jonas, Berta, Paula, Laura und Heinrich kamen aus den Vernichtungslagern nicht zurück.

Dieses Buch schreibe ich für all meine ermordeten Verwandten.

Manche von ihnen würden mich gewiss dafür verfluchen, aber manche würden sagen, dass ich damit eine Mizwa erfülle, denn ich schreibe es für das Judentum.

Wie mein Großonkel Norbert wanderten Zehntausende deutscher Juden nach Palästina aus. Sie brachten neue Ideen und neue Bedürfnisse in das russisch-polnisch dominierte jüdische Milieu. Vor allem aber brachten sie weitere Spannungen mit der arabischen Bevölkerungsmehrheit.

Einerseits bestätigte die deutsche Katastrophe die Theorie Herzls, denn tatsächlich konnte nun Palästina bei Ausbruch eines antisemitischen Exzesses als vorübergehende Heimstätte dienen. Insofern verhielt sich Großonkel Norbert völlig theoriekonform, als er acht Jahre seines Lebens in dieser Heimstätte verbrachte und dann Platz für Andere machte.

Andererseits zeigte diese Katastrophe die Grenzen von Herzls Theorie auf, denn es interessierte die deutschen Mordpolitiker und Mordsoldaten und ihr Hilfspersonal nicht, ob irgendwo eine jüdische Heimstätte existierte oder nicht. Dies war ein anderer Antisemitismus als die dumpfen Pöbeleien, die Herzl wohl in Wien erlebt hatte. Den Deutschen ging es darum, die Gefahr abzuwenden, die das internationale Judentum für den deutschen Volkskörper bedeutete. Dazu musste mit einem eisernen Besen durch Europa und die Welt gefahren werden, um das jüdische Ungeziefer mit Stumpf und Stiel zu vernichten. Mit einem solchen Wahnsinn konnte kein Mensch rechnen. So konnte die Existenz der jüdischen Heimstätte das europäische Judentum nicht vor der Vernichtung bewahren, Palästina war nur eine der schwer erreichbaren Rettungsinseln unter vielen anderen: Großbritannien, Sowjetunion, USA, Bulgarien, Marokko, Türkei, Schanghai, Brasilien, Argentinien, Chile, Südafrika, Belgisch Kongo. In diesem Sinne bestärkte die Katastrophe die Ansicht der zionistischen Revisionisten. Ihnen war ja stets die Wirkung der Heimstätte auf den möglichen Antisemitismus in der Diaspora einerlei gewesen. Worum es den Revisionisten ging, war die Schaffung eines starken jüdischen Staates.

Schließlich – vielleicht am wichtigsten – änderte der Massenmord an den Juden Europas die Mehrheitsverhältnisse und Meinungsfronten pro und kontra Zionismus unter den Juden Europas. Bis 1940 waren die religiösen Führer in ihrer großen Mehrheit gegen den Zionismus aufgetreten. Nun waren sie tot oder ausgewandert, zum Teil nach Palästina, was natürlich von ihren zionistischen Gegenspielern als eine späte Rechtfertigung des zionistischen Standpunkts gedeutet werden konnte.

Wütend und bitter beklagte die vor den Nazis in die USA geflüchtete politische Denkerin Hannah Arendt im Herbst 1945, dass die Amerikanische Zionistische Organisation sich 1944 von der bisherigen politischen Linie abkehrte und stattdessen das Programm Ben Gurions akzeptierte: das Ziel eines jüdischen Staates, der ganz Palästina umfassen solle. Arendt sah dies, in Vorausschau dessen, was 1947/48 geschah, als Katastrophe für den Zionismus an; sie schrieb:

»Dies ist ein Wendepunkt in der Geschichte des Zionismus; denn es besagt, dass das revisionistische Programm, das so lange scharf zurückgewiesen wurde, nun am Ende siegreich ist … Dieses Mal sind die Araber in der Resolution einfach nicht erwähnt worden, was ihnen offensichtlich die Wahl lässt zwischen freiwilliger Auswanderung und Bürgerrechten zweiter Klasse … Dies ist ein Todesstoß gegen diejenigen jüdischen Parteien in Palästina selbst, die unermüdlich die Notwendigkeit einer Verständigung zwischen dem arabischen und dem jüdischen Volk predigen … Nationalismus ist schlimm genug, wenn er auf nichts anderes baut als auf die bloße Stärke der Nation. Ein Nationalismus, der notwendigerweise und zugegebenermaßen von der Stärke einer auswärtigen Nation abhängt, ist gewiss noch schlimmer … Die Errichtung eines jüdischen Staats … mag als sehr hübsche Lösung erscheinen … Auf lange Sicht kann man sich kaum eine Entwicklung vorstellen, die gefährlicher und abenteuerlicher wäre … Nur Torheit kann eine Politik vorantreiben, die auf den Schutz einer entfernten Weltmacht vertraut, während sie sich dem Wohlwollen der Nachbarn entfremdet … Welches Programm haben Zionisten für die Lösung des arabisch-jüdischen Konflikts zu bieten? … Wenn Zionisten auf ihrer sektiererischen Ideologie beharren und in ihrem kurzsichtigen ‚Realismus' fortfahren, dann werden sie auch die kleinen Chancen verspielen, die kleine Völker in dieser unserer nicht sehr schönen Welt heute noch haben.«[37]

Großbritannien hatte seit Übernahme des Mandats 1920 versucht, die Konflikte zwischen britischen, jüdischen und arabischen Interessen zu entschärfen, mit immer geringerem Erfolg. Alle Dämme dieser britischen Mandatspolitik brachen dann durch die Umwälzungen in Osteuropa nach dem Ende des Zweiten Weltkriegs. Für meinen Vater war ja von Kindheit an Deutschland seine Heimat gewesen, also ging er 1945 wieder in sein Vogtland zurück. Jedoch für die überlebenden Juden aus Polen, Tschechoslowakei, Ungarn, Litauen, Lettland, Rumänien stellte sich diese Frage ganz anders. Dort spielten mehrere Faktoren eine Rolle, um die deportierten Juden endgültig heimatlos zu machen. Nicht nur waren ihre Familien ermordet und ihre Heimatstädte durch den Krieg zerstört. Gegen Juden, die nach der Rückkehr aus Hitlers Lagern zu Hause wieder ihr Eigentum in Besitz nehmen wollten, kam es in der polnischen Stadt Kielce zu Pogromen. Darüber hinaus stießen viele der Überlebenden auf zynisches Desinteresse der neuen Herrscher an ihrem Leiden. Ob man als Jude von den Nazis verfolgt gewesen war, interessierte nicht. Im Gegenteil, man galt als verdächtiger »Kosmopolit«. Junge jüdische Männer, die bereits in Hitlers Lagern nur knapp dem Tod entgangen

---

37 Original in Englisch: »This is a turning point in Zionist history; for it means that the Revisionist program, so long bitterly repudiated has proved finally victorious ... This time the Arabs were simply not mentioned in the resolution, which obviously leaves them the choice between voluntary emigration and second-class citizenship « (213) »It is a deadly blow to those Jewish parties in Palestine itself that have tirelessly preached the necessity of an understanding between the Arab and the Jewish peoples«. (214) »Nationalism is bad enough when it trusts in nothing but the rude force of the nation. A nationalism that necessarily and admittedly depends upon the force of a foreign nation is certainly worse.« (215) »The erection of a Jewish state ... may look like a very nice solution ... In the long run, there is hardly any course imaginable that would be more dangerous, more in the style of an adventure. (247) ... only folly could dictate a policy which trusts a distant imperial power for protection, while alienating the goodwill of neighbors ... what program have Zionists to offer for a solution of the Arab-Jewish conflict? (248) ... If Zionists persevere in retaining their sectarian ideology and continue with their short-sighted ‚realism‘ they will have forfeited even the small chances that small peoples still have in this none too beautiful world of ours.« (249) aus: Arendt (1945, 1970).

waren, wurden ohne Rücksicht auf ihre Leiden in die Rote Armee eingezogen, und wer sich dem durch Auswanderung nach Palästina entziehen wollte, kam wegen Desertion nach Sibirien. Am lettischen Massengrab, in dem meine Großmutter Hanna liegt, stand, solange es in der Sowjetunion lag, dass 6000 »Bürger« aus Deutschland und anderen Staaten hier von den Faschisten erschossen wurden. Dass all diese »Bürger« Juden waren, war politisch nicht korrekt.

Wer also einigermaßen bei Verstand war und nicht noch wesentliche Bindungen in die alte Heimat hatte, ging nicht nach Osteuropa zurück. Wo aber sonst sollten diese »Displaced Persons« nun hingehen? Die jüdischen Organisationen Palästinas setzten alles daran, diese Menschen nach Israel zu bekommen. Die britische Mandatsverwaltung tat ihr Möglichstes, um die brechend voll überlasteten Kähne, die da über das Mittelmeer an die palästinensische Küste schipperten, von der Landung abzuhalten. Aber sie hatte schlechte Karten gegen all die Tausende und Zehntausende, die da nach Palästina wollten, weil ihnen sonst nichts auf der Welt mehr geblieben war. Unter dem Eindruck der Bilder der ausgemergelten Überlebenden, die auf dem Schiff »Exodus« von der britischen Armee zurück ins Mörderland Deutschland eskortiert wurden, stimmte die UN-Vollversammlung 1947 für die Teilung des Mandatsgebiets Palästina in einen jüdischen Staat und einen palästinensischen Teil, der zum Königreich Jordanien hinzugefügt wurde. Der erste Staat, der den neuen Staat Israel diplomatisch anerkannte, war die Sowjetunion.

Der jüdische Staat war erreicht. Das revisionistisch-zionistische Programm hatte gesiegt.

KAPITEL 6

Kurze Geschichte der Konflikte Israels mit seinen Nachbarstaaten

Der arabischen Bevölkerung Palästinas war von der britischen Mandatsverwaltung versichert worden, niemals würden ihnen Land, heilige Stätten, Grund und Boden fortgenommen werden, zugunsten einer Politik, die ihren religiösen, politischen und wirtschaftlichen Interessen entgegengesetzt war.[38] Der Gang der Geschichte hatte nun dafür gesorgt, dass diese Worte zu Lügen geworden waren. Ob die arabische Bevölkerung freiwillig ihr Land verließ, »auf Geheiß ihrer Muftis« – wie mein israelischer angeheirateter Cousin Fred (eigentlich aus Danzig) nicht müde wurde mir zu versichern –, darf bezweifelt werden. Darüber gab es einen israelischen Historikerstreit, der ist entschieden – gegen Fred. Dass jemand sein Hab und Gut und seine Heimat im Stich lässt, dafür gibt es üblicherweise einfache Gründe: Ausübung unmittelbaren Zwangs und Todesangst.[39] Die revisionistisch-zionistischen bewaffneten Gruppen EZeL und LeChI verübten in Deir Yassin, am Stadtrand von Jerusalem, ein Massaker an ca. 100 Dorfbewohnern, einen Monat vor Beginn des 1948er Krieges. Vier Tage später massakrierten arabische Kämpfer einen jüdischen Sanitätstransport, mit über 70 Toten. Aber das Signal von Deir Yassin wurde verstanden: Viele Araber flüchteten Hals über Kopf, die meisten werden dabei sicherlich gehofft haben, ein

---

38 s. oben, Kap. 5

39 s. Pappe (2007). Die ethnische Säuberung Palästinas. Frankfurt: Zweitausendeins

Wunder werde die marodierende israelische Soldateska wieder aus ihrem Land fegen.

Die arabischen Nachbarstaaten Israels brachen einen Krieg vom Zaun. Denn die Gründung Israels machte eine arabische Vereinigung endgültig unmöglich. Der Krieg endete 1949 damit, dass das israelische Staatsgebiet deutlich größer geworden war als im ursprünglichen Beschluss der UN.

Im Verlauf des Krieges flüchtete die arabische Bevölkerung Palästinas zu Hunderttausenden oder wurde vertrieben. Seitdem existiert das Problem der palästinensischen Vertriebenen. Das von ihnen verlassene Land wurde 1953 auf Beschluss des israelischen Parlaments enteignet. Rückkehr wurde mit Gewalt unterbunden. Das ist ein großes Unrecht. Dafür gibt es keinen Rechtstitel und keinen Grund. Dies ist eine offene Wunde und die Ursache für den bis heute bestehenden Konflikt. Dieser Konflikt geht darum, wem das Land gehört.

1956 verübte die israelische Regierung ohne äußere Not einen aggressiven Akt gegen den Nachbarstaat Ägypten. Dort hatte der neue Präsident Nasser angekündigt, er werde den Suezkanal in staatliche Verwaltung überführen, also die britischen und französischen Kanaleigner enteignen. Die britische und die französische Regierung veranlassten daraufhin die israelische Regierung, militärisch über die ägyptische Suez-Halbinsel bis an den Suez-Kanal vorzustoßen. Israel machte sich somit zum Komplizen der alten Kolonialmächte und brachte die Beziehungen zu seinem Nachbarstaat Ägypten auf einen neuen Tiefpunkt. Wahrscheinlich war die Idee dabei, durch diese militärische Niederlage die weitergehenden Pläne Nassers zu einer neuen arabischen Vereinigung zu unterbinden. Der Regierung der USA war aber nichts daran gelegen, über diese Frage einen großen Konflikt mit der Sowjetunion zu riskieren, auch war es beiden Mächten nicht unlieb, die alten Weltmächte Großbritannien und Frankreich in ihre Schranken zu verweisen. Daher übten sie Druck auf Israel aus, die Truppen wurden zurückgezogen.

Im Folgenden versuchte der ägyptische Präsident Nasser weiter, die Vereinigung mit anderen arabischen Staaten zu erreichen, als erstes mit Syrien. Dass dabei die Landverbindung über Israel führen würde, war ein durchaus gewollter Akt der Bedrohung der Existenz

Israels. Gegen diese Pläne führte Israel 1967 einen Präventivkrieg, den »6-Tage-Krieg«. Die im Aufbau befindlichen Luftwaffen Ägyptens, Syriens, Jordaniens wurden am Boden zerstört, und die israelische Armee konnte siegreich die Golan-Höhen besetzen, von wo die syrische Armee die israelischen Siedlungen am Tiberias-See zu beschießen pflegte. Wie schon 1956 eroberte Israel die Sinai-Halbinsel, inklusive des bis dahin zu Ägypten gehörenden Gasa-Streifens und der schönen Urlaubsorte von Taba bis Scharm-el-Scheikh, und – am folgenreichsten – besetzte den gesamten Teil des Königreichs Jordaniens diesseits des Jordans mitsamt der Altstadt Jerusalems mit der Klagemauer.

Die Folgen dieses Sieges gegenüber Ägypten, Syrien, Jordanien/ Palästina waren folgende:

Um die besetzte Sinai-Halbinsel zurückzubekommen, begann Ägypten zusammen mit Syrien 1973 einen überraschenden neuen Krieg, am Jom-Kippur, dem höchsten jüdischen Feiertag, wodurch die Verteidigung Israels zunächst erschwert war. Dies war der erste Krieg, den Israel nicht mehr eindeutig gewann. Dies zeigte schlicht, dass der technologische und logistische Vorsprung der israelischen Armee gegenüber dem Militär der Nachbarstaaten schrumpfte, und führte zum Friedensschluss von Camp David 1979 zwischen Nassers Nachfolger Sadat (der dafür einige Zeit später bei einem Attentat getötet wurde, angeblich von Moslem-Bruderschaften) und Israels Premier Begin (dem Anführer des 1948er Massakers von Deir Yassin). Dabei wurde das Prinzip »Land gegen Frieden« durchgesetzt: Ägypten erhielt den Sinai und den Gasa-Streifen zurück (trat diesen aber an einen noch zu gründenden palästinensischen Staat ab) und vereinbarte mit Israel die volle diplomatische Anerkennung.

Syrien möchte möglicherweise seit langem das gleiche wie Ägypten, würde also gerne die von Israel besetzten Golan-Höhen zurückerhalten und dafür Israel anerkennen. Israels Premier Rabin machte 1995 konkrete Anstalten, nach der Vereinbarung mit Palästinenserführer Arafat und dem Königreich Jordanien auch mit Syrien eine Vereinbarung zu treffen. Damit löste er eine wütende Kampagne der israelischen Rechten aus, die den Golan zum untrennbaren Bestandteil Israels erklärte. Inmitten und offensichtlich auf-

grund dieser Auseinandersetzung wurde Rabin von einem nationalistischen Israeli erschossen. Der Golan blieb bis heute israelisch besetzt,
Syrien ist bis heute im Kriegszustand mit Israel.

Der seit 1967 besetzte arabische Teil des palästinensischen Mandatsgebiets ist der Kern des Palästina-Problems. Wenn Israel dieses Gebiet
seinem Staatsgebiet einverleiben würde, müsste es den dort woh-
nenden Arabern die Staatsbürgerrechte zugestehen. Dann gäbe es
keine jüdische Mehrheit mehr in Israel. Israel möchte diese Gebiete
aber auch nicht mehr abgeben. Es bleibt als Lösung daher nur, diese Gebiete weiter in dem Status eines besetzten Feindeslands zu halten. Gegen das Völkerrecht werden in diesem besetzten Land zahlreiche Siedlungen gegründet, um es »jüdisch« zu machen. Zahlreiche
Rabbiner haben sich gefunden, die dieses Verhalten für einen Auftrag
Gottes (eine »Mizwah«) erklären und einen schönen alten historischen Namen für dieses arabische Land parat haben: »Jehuda we-
Schomron« – Judäa und Samaria. Für die Bevölkerung des besetzten
Landes ist dies ein rechtloser, würdeloser und erniedrigender Zustand.
Offensichtlich spekuliert Israel darauf, die arabische Bevölkerung so
zu zermürben, dass sie ihr Land verlassen.

Die politische Vertretung der Palästinenser, 1964 als Palästinensische
Befreiungsorganisation (PLO) gegründet, organisierte sich nach 1967
neu. Der tatenlose Ahmed Schukeiry wurde von Jassir Arafat abge-
löst. Arafat suchte den Erfolg im militärischen Kampf gegen Israel.
Der Erfolg gab ihm nicht Recht. Zunächst schlug seine PLO in
Jordanien ihr Hauptquartier auf. Der jordanische Staat sah darin eine
Bedrohung seiner Souveränität und vertrieb die PLO im September
1970 blutig aus Amman. Als Reaktion bildete die PLO Kommandos
namens »Schwarzer September«, entführte Flugzeuge, organisierte
ein Attentat eines japanischen Sympathisanten gegen Passagiere auf
dem Tel-Aviver Flughafen, ließ die israelische Mannschaft auf der
Münchner Olympiade 1972 gefangen nehmen und ähnliches mehr.
Die PLO schlug ihr Hauptquartier im Libanon auf – dem Staat,
der als »Schweiz des Nahen Ostens« aus einem Völkergemisch von
Christen, (muslimischen) Drusen, Sunniten, Schiiten besteht und sich
bisher als einziger unmittelbarer Nachbar nicht mit Israel angelegt
hatte. Dies führte zum libanesischen Bürgerkrieg, in dessen Verlauf

nicht nur Syriens Armee in den Libanon einmarschierte, sondern 1982 auch Israels Armee, die in den Palästinensersiedlungen Sabra und Schatilaa bei Beirut die Tötung von Hunderten Palästinensern durch christlich-libanesische Milizen organisierte. Arafat entkam mit knapper Not dem Tod (verfolgt nicht nur von Israel, sondern auch von pro-syrischen Fraktionen der palästinensischen Flüchtlinge) und schlug nun sein Hauptquartier in Tunesien auf.

Das Osloer Abkommen mit Rabin 1993 brachte einen historischen Wendepunkt: Arafat konnte nach Palästina übersiedeln und die Verwaltung des besetzten Palästinensergebiets organisieren. Ziel des Osloer Abkommens war die Bildung eines souveränen Palästina, das seinen Frieden mit Israel macht. Dafür gab es einen festgelegten Zeitplan in drei Phasen. Rabin wurde erschossen, bevor Phase 2 in Kraft trat. Rabins Vizepräsident Peres wurde sein Nachfolger. Er hätte alle Trümpfe in der Hand gehabt, um die friedensfeindliche israelische Rechte kleinzuhalten, denn nach der Mordtat an Rabin war die lautstarke Rechte in der Defensive. Leider vertat Peres diese historische Möglichkeit. Um die kommenden Wahlen zu gewinnen, hielt er es für klug, sich als harter Feldherr zu präsentieren, griff aus nichtigem Anlass den Libanon an, ließ dort angeblich versehentlich ein Massaker unter der Zivilbevölkerung verüben, ließ den militärischen Geheimdienst einen in Zypern bereits ruhiggestellten Konstrukteur palästinensischer Bomben (den »Ingenieur«) ermorden, löste damit eine Welle palästinensischer Bombenattentate in Israel aus und verlor dann folgerichtig als unglaubwürdiger Friedensfürst die Wahlen gegen die Originalversion eines rechtsgerichteten Politikers, Benjamin Netanjahu. Dieser unterminierte erfolgreich das Osloer Abkommen, heuerte den Organisator des Massakers von Sabra und Schatila, Ariel Scharon, als Bau-Minister für die besetzten Gebiete an und verlor schließlich wieder die Mehrheit der enttäuschten israelischen Bevölkerung gegen Ehud Barak. Dieser, auf dem Friedens-Ticket gewählt, organisierte den Rückzug der israelischen Truppen aus dem Südlibanon, heizte weiter den Siedlungsbau in den besetzten Gebieten an und machte bekanntlich am Ende seiner Regierungszeit, als ihn schon die Meinungsumfragen für die kommenden Wahlen als klaren Verlierer gegen Scharon sahen, Jassir Arafat ein Friedensangebot bei

Verhandlungen unter der Moderation des US-Präsidenten Clinton.
Viele meinen, Arafat habe einen großen Fehler gemacht, als er
dieses Angebot nicht annahm. Manche meinen, Arafat habe sich dadurch endgültig als friedensunfähig entlarvt. Zumindest letzteres erscheint nicht als sicher. Ich denke, wenn Israel sich wirklich auf den
Clinton'schen Friedensplan mit ganzem Herzen hätte einlassen wollen, dann hätte es eben dieses Angebot noch einmal und noch einmal
machen können. Das hat es nicht getan. Man kann dies so deuten,
dass Israels Friedenswillen nicht berechenbar und nicht zuverlässig
ist. Barak wurde ja, wie zu erwarten, kurz darauf abgewählt.

Resümee

»Wisse woher Du kommst« –
Thesenartige Zusammenfassung des Teil 1

Kapitel 1

Ich habe jüdische Religion von Kindheit an erlebt, praktiziert und gelernt. Das Judentum ist meine geistige Heimat. Es geht mir mit ihm wie mit einem Heimatdorf: Die jüdische Religion gibt mir lebenswichtige Wärme und gleichzeitig schwer erträgliche Enge. Ich kann es dort nicht immer aushalten, ich möchte in die Welt hinaus und etwas anderes sehen, und ich kehre immer wieder gern zurück, denn ich weiß, dass dies mein Zuhause ist. Natürlich hängt dieses Gefühl sehr mit meinem Gefühl für meinen Vater zusammen, für den es nach der Ermordung seiner Frau und seiner Kinder nichts Wichtigeres auf der Welt gab, als wieder Kinder zu haben: Ich war ein gewolltes Kind. Etwas Schöneres kann man über seine Herkunft nicht sagen.

Kapitel 2

Israel spielt eine wichtige Rolle in meinem Leben. Meine beiden Geschwister leben dort, meine sechs Nichten und Neffen und sogar schon drei Großnichten und -neffen.

Israel ist jedoch nicht der Ersatz für jüdische Tradition und Ethik. Auf diesen Punkt werde ich zurückkommen.

Kapitel 3

Durch die Geschichte des Judentums zieht sich der Konflikt zwischen religiöser Kraft und weltlicher Macht, zwischen dem Streben nach moralischer Erneuerung und dem Wunsch nach politischem Einfluss. Die Stammväter und Propheten, von denen die Bibel erzählt, gaben dann ihre großen Anstöße, wenn sie sich absonderten und sich gegen die Mehrheitsmeinung stellten.

Bereits Abraham unser Stammvater war der »Hebräer«, ein einsamer Grenzüberschreiter.

In diesem Geiste stellte sich Moses unser Lehrer gegen das Volk, als es das Goldene Kalb anbetete, unmittelbar nachdem er auf dem Sinai das Gesetz seines Gottes empfangen hatte; mit dieser deutlichen und schroffen Distanzierung von der Unmoral zog er das Volk wieder auf seine Seite.

Samuel der Priester wollte keine Nation begründen. Das unmoralische Handeln bereits des zweiten Königs, des mächtigen Dawid, gab seinem Zögern nachträglich die Rechtfertigung.

Die Propheten predigten gegen nationalen Größenwahn. Jesaja: »Gesegnet sei Ägypten, mein Volk, und Assyrien, das Werk meiner Hände, und Israel, mein Erbstück«. Der Prophet Amos fügte hinzu: Israel ist nur in einer Hinsicht auserwählt unter den Völkern: »darum will ich auch an Euch heimsuchen all Eure Sünde«. Der große Prophet Jeremias schließlich predigte gegen die Großmachtallüren des Königs von Juda, umsonst.

In meiner Familientradition hat mein Onkel Pinchas Elijahu Verleger auf den Punkt gebracht, worum es dem religiösen Judentum seit jeher gegangen ist. Er war Lieblingsschüler des Lubliner Rebbe. Als die Lubliner Jeschiwa in den 20er Jahren von einer Delegation aus Deutschland besucht wurde, durfte Pinchas Elijahu zum Freitagabend die »Drusche« halten, die Predigt mit einer kreativen Auslegung eines Textes. Er nahm einen Mischna-Text, den jeder kannte, da er Teil des Freitagabendgebets ist: »schloscha dwarim zarich adam lomar betoch bejto im chaschecha: issartem, erawtem, hadliku et haNer.« »Drei Dinge soll man in seinem Heim beim Dunkelwerden (gemeint ist: bevor es endgültig Schabbat ist) sagen: Habt ihr abgesondert (vor dem Brotbacken, den Zehnten vom Getreide als Sozialsteuer), habt ihr vermischt (zwischen Alltag und Schabbat, nämlich etwas auf den Herd gestellt, damit dies am Schabbat weiterkochen darf), zündet das Licht an (da man dies am Schabbat selbst nicht mehr tun darf).« Pinchas Elijahu legte dies so aus: Wir leben in dunklen Zeiten, das Ansehen der Religion sinkt. Das ist das »Dunkelwerden«, von dem die Mischna spricht. Was können wir tun? Die Mischna sagt: »Sondert Euch ab!«, lernt die Schriften, vertieft Euch in das Studium, schärft Eure Argumentation. Wenn Ihr das getan habt, »mischt Euch« unter die anderen Juden, argumentiert, überzeugt Sie, und wenn Ihr das richtig gemacht habt, dann werdet Ihr unter den Leuten »das Licht anzünden«, das Licht des gottesfürchtigen Judentums. (Quelle: haModia, israelische Tages-Zeitung der Aguda-Partei vom 8. Cheschwan 5764, Herbst 2003.)

Will sagen: Man darf keine Angst davor haben, dass die meisten Leute eine andere Meinung haben und dass man mit seiner Meinung erst einmal alleine ist.

Kapitel 4

Die Geschichte des Zionismus von 1880 bis 1948 habe ich vor allem aus einem Grund dargestellt: Ich wollte klarmachen, dass die Gründung des Staates Israel alle Merkmale einer Shakespeare'schen Tragödie hat: Alle Beteiligten fühlen sich im Recht, alle Beteiligten haben nachvollziehbare Motive, aber wenn diese Interessen aufeinanderprallen, liegen im fünften Akt nur noch Leichen herum. Dies ist nicht ein Konflikt von Gut gegen Böse, sondern der Streit um ein Stück Land, das den palästinensischen Arabern Heimat war und den Juden als einzig mögliche Heimat erschien.

Mit diesem Kapitel hatte ich auch zwei andere Ziele:

Erstens darzustellen, wie die Diskussionslinien über den Zionismus im Judentum verliefen. Keiner wäre auf die Idee gekommen, den Lubawitscher Rebben, Rabbiner Dr. Carlebach und all die Millionen anderen traditionellen Juden, die sich mit guten und schlechten Argumenten gegen den Zionismus wandten, »Antisemiten« zu nennen. Ich werde später auf diesen Tiefpunkt jüdischen Geisteslebens in den heutigen Debatten zurückkommen.

Zweitens wollte ich darstellen, wie problematisch es ist zu behaupten, hauptsächlich verantwortlich für den israelisch-palästinensischen Konflikt sei Deutschland, durch die Verbrechen der Nazi-Zeit. Richtig ist vielmehr, dass diese explosive Gemengelage bereits lange vor 1933 angerührt wurde, durch das Zarenreich, das seiner jüdischen Bevölkerung das Leben unerträglich machte und sie damit auf die Suche nach einer neuen Heimat und nach Selbstbestimmung schickte, und durch die damaligen Weltmächte Großbritannien und Frankreich, die kein Interesse an einer arabischen Vereinigung hatten, da diese den europäischen Mächten den Ölhahn hätten zudrehen können, und die daher gerne das arabische Territorium zerstückelten.

Kapitel 5

Mit diesen Stichwörtern zur Geschichte des israelisch-arabischen Konflikts bis zum Jahr 2000 wollte ich vor allem den jüngeren Lesern, die diese Geschichte nicht selbst durch die Medien miterlebt haben, ein paar Orientierungspunkte setzen, und auch zeigen, dass sich die Darstellung des vorigen Kapitels stimmig bis in die jüngere Vergangenheit verlängern lässt.

Auf eine Darstellung der Ereignisse seit 2000 habe ich verzichtet; diese dürften allgemein bekannt sein.

TEIL 2

… und wisse, wohin Du gehst …

Vorspann

Der Palästinakonflikt bildet einen wesentlichen Kern der aktuellen Konflikte in der Weltpolitik. Ich kann als sicher annehmen, dass in der Hamburger Wohngemeinschaft von Mohammed Atta über Palästina diskutiert wurde, bevor man beschloss, Flugstunden zu nehmen. Ich kann als sicher annehmen, dass im Beraterkreis des US-Präsidenten George W. Bush über Israel diskutiert wurde, bevor man beschloss, den Irak zu besetzen. Ich kann als sicher annehmen, dass jeder, der in Deutschland eine Bombe im Namen des Islam hochgehen lassen will, sein Handeln auch damit vor sich selbst rechtfertigt, dass Deutschland und Großbritannien in der Europäischen Union die Bremser sind, wenn es darum geht, eine Position zum Palästinakonflikt einzunehmen, die die berechtigten Interessen der Palästinenser ernst nimmt.[40]

---

40 Eine beliebig herausgegriffene Zeitungsmeldung dazu, mit der Unterüberschrift »EU kann sich nicht darauf einigen, wie deutlich Israel kritisiert werden soll« (Süddeutsche Zeitung, 21. Juli 2007, S. 8): »Der langjährige innereuropäische Konflikt über die Haltung zu Israel ... hat sich an einem von der derzeitigen portugiesischen EU-Präsidentschaft vorgelegten Entwurf ... entzündet. Darin wird ... gleich am Anfang heftige Kritik an Israels Siedlungspolitik und dem Bau der Mauer geübt, die ‚gegen internationales Recht' verstoßen und die EU ‚besonders' beunruhigen. Diese Formulierung und ihre Platzierung ist unter anderem auf den Widerstand der deutschen Regierung gestoßen. Es habe ... doch ‚keinen Sinn, jetzt ohne Not auf die Israelis einzuschlagen'. ... Zu denen, die Israel gegenüber eine harte Linie vertreten, gehören Spanien, Schweden, Finnland, Zypern, Malta, Österreich und Frankreich.«
Die Liste der Israel- und damit Deutschland-kritischen Staaten ist offensichtlich unvollständig, da zumindest Portugal, das ja den Entwurf eingebracht hat, nicht erwähnt wird. Auch ist drollig, dass die Süddeutsche Zeitung dieser Meldung die Hauptüberschrift gab: »Europäer riskieren ihren Einfluss in Nahost«. Naheliegender wäre gewesen: »Deutschland gegen Einfluss der EU in Nahost«.

Jeder weiß das. Darum hat in der oft zitierten EU-Umfrage von 2003 eine Mehrheit der befragten EU-Bürger – auch der deutschen – angegeben, die Politik Israels sei eine wesentliche Gefährdung des Weltfriedens.

Es kommt daher darauf an, diesen Konflikt zu deeskalieren, ihn zu dem zu machen, was er eigentlich ist: ein Konflikt um ein Stück Land, der durch Verhandlungen, Verständnis für die Position der Gegenseite, Entschädigungen, Kompromisse gelöst werden kann.

Vor tausenden Jahren sagte der Prophet Jesaja: »Gesegnet sei Ägypten, mein Volk, und Assyrien, das Werk meiner Hände, und Israel, mein Erbstück«. Entsprechend könnte ein heutiger Prophet beten: »Gesegnet sei Palästina, mein Volk, und Iran, das Werk meiner Hände, und Israel, mein Erbstück.«

»Wisse wohin Du gehst.«: In Richtung einer Lösung des Konflikts in Palästina und Israel.

Keiner kann das allein. Aber wenn keiner anfängt, ändert sich nichts.

KAPITEL 7

Ein Brief an das Zentralratsdirektorium

Am 12. Juli 2006 begann der Krieg zwischen der israelischen Armee und der libanesischen Hisbollah.

Dieser Krieg war von beiden Seiten ungerecht, sowohl von der Hisbollah als auch von Israel. Unmittelbarer Kriegsauslöser war, dass die Hisbollah acht israelische Soldaten in der Nähe der Grenze tötete und zwei gefangen nahm. Wie es genau dazu kam, ist umstritten. Falls es auf israelischem Staatsgebiet geschah, hatte Israel selbstverständlich das Recht, sich gegen diesen Gewaltakt zu wehren.

Unter zivilisierten Völkern würde man deswegen aber nicht von hier auf gleich einen Krieg anfangen, es sei denn, man wollte das sowieso schon vorher. Um dies zu vernebeln, wurde die Behauptung in die Welt gesetzt (und auch von deutschen Politikern nachgeplappert), die Hisbollah habe bereits vor Kriegsbeginn Raketen auf den Norden Israels gefeuert und dagegen habe sich Israel seinerseits mit Raketen und Bombardements wehren müssen. Dies war gelogen. Jedoch setzt auch diese Lüge nicht das Recht Israels außer Kraft, sich gegen den gewaltsamen Angriff auf seine Soldaten auf seinem Staatsgebiet zu wehren.

Israel war jedoch nicht die verfolgte Unschuld vom Lande. Vielmehr war offensichtlich, dass die Hisbollah mit dem Überfall auf die israelischen Soldaten sich als Rächer in Szene setzen wollte für zahlreiche Gewaltakte der israelischen Armee in Gasa im ersten Halbjahr 2006. Unter dem Stichwort der Terrorbekämpfung hatten die israelischen Streitkräfte Hunderte Einwohner Gasas umgebracht, die Elektrizitätsversorgung mit einem gezielten Racheakt lahmgelegt,

Fabriken demoliert, Straßen unpassierbar gemacht, Brücken zerstört, der palästinensischen Autonomiebehörde zustehende Zölle und Steuern einbehalten, Mitglieder dieser Behörde und des Parlaments ins Gefängnis gesteckt (ich wollte erst »inhaftiert« schreiben, aber das klingt nach Rechtsstaat und Urteil, das ist hier nicht der Fall) und alles getan, um Hass, Verachtung und Wut auf sich zu ziehen. Was die Hisbollah nun einmal machte und damit den Krieg aus- löste, das hatten die israelischen Streitkräfte in Gasa vorher jeden zweiten Tag getan.[41] Die Empörung der westlichen Regierungen über den Gewaltakt der Hisbollah klang deswegen so hohl wie »Haltet den Dieb«.

Beide Seiten gingen also von vorneherein auf der Seite des Unrechts in diesen Krieg, jedoch galt dann für Israel noch zusätzlich, dass der Krieg mit unverhältnismäßiger Grausamkeit geführt wur- de. Israel ist ein Land mit einer High-Tech-Rüstungsindustrie, die auf der Welt ihresgleichen sucht. Wenn dieses Land im Krieg vor allem Zivilisten umbringt, dann ist das kein Kollateralschaden, sondern Teil der Strategie. Mit dem Einverständnis der USA sollte den Libanesen klargemacht werden, dass die Hisbollah ihnen nur Unglück bringt, denn sie steckten nach Wahrnehmung der US-Regierung mit dem Erzfeind unter einer Decke, dem Hort des Bösen, bei dem es nach Pech, Schwefel und Erdöl stinkt: dem Iran.

Nichtstun und Schweigen wurde mir während dieses Krieges von Tag zu Tag unerträglicher. Der Tropfen, der das Fass zum Überlaufen brachte, war eine Zeitungsmeldung, wonach in Trier ein Konzert der Kantorin Avitall Gerstetter abgesagt werden sollte, da es nicht in das gegenwärtige politische Klima passe. Was – so fragte ich mich ent- setzt – haben synagogale Gesänge mit dem Libanonkrieg zu tun? Fünf Schallplatten waren die Lieblingsmusik meines Vaters, zwei 45er und drei 33er (Umdrehungs-, nicht Jahreszahl!): Die jüdischen Tenöre Josef Schmidt und Richard Tauber und die Kantoren Jossele

---

41 Angeblich alles nur um einen kriegsgefangenen israelischen Soldaten zu be- freien. Seinen Namen kennen viele, denn er steht oft in der Zeitung. Ich wün- sche dem armen Gil'ad Schalit viel Kraft und Stärke und vor allem viel Glück. Die Namen der von Israel kriegsgefangenen Mitglieder der Hamas-geführten Autonomiebehörde kenne ich nicht. Sie stehen nicht oft in der Zeitung.

Rosenblatt, Lejbele Waldman, Maslavsky Family. Abwechselnd eine
dieser Platten lief jeden Sonntagmorgen, als ich klein war; mit den
synagogalen Gesängen von Rosenblatt, Waldman und den Maslavskys
bin ich aufgewachsen.

Was hat jüdische Kultur mit dem Libanonkrieg zu tun? Nun, das
Präsidium des Zentralrats der Juden in Deutschland, als Sachwalter
für jüdische Politik und Kultur in Deutschland, war offensichtlich der Meinung, dass jüdische Existenz in Deutschland viel mit
dem Libanonkrieg zu tun habe: In großen Zeitungsanzeigen wurde um Solidarität mit der israelischen Kriegspolitik geworben, und
Vizepräsident Dr. Dieter Graumann, den ich bis dahin für einen hu-
morvollen, vernünftigen und bedachten Menschen gehalten hatte
(und eigentlich immer noch halte, trotz seiner Verirrungen in der hier
diskutierten Frage), forderte den Rücktritt der Ministerin Wieczorek-
Zeul, allein aus dem Grund, weil sie die israelische Kriegspolitik kritisiert hatte.

Also schrieb ich einen Brief und schickte ihn am 23.7. 2006 an die
Präsidentin des Zentralrats und meine Kollegen im Direktorium. Als
klar wurde, dass dies den Lauf der Dinge um nichts ändern würde, der
Krieg weiter wütete und die »Jüdische Allgemeine Wochenzeitung«
meine Anfrage auf Veröffentlichung des Briefes durch ihr wochen-
langes Schweigen offensichtlich ablehnte oder ablehnen musste, leitete ich den Brief an die Presse weiter, wo er am 8.8. erschien.

Sehr verehrte Frau Präsidentin Knobloch,
sehr geschätzter Herr Prof. Dr. Korn,
sehr geschätzter Herr Dr. Graumann,

Sie haben in den letzten Tagen öffentlich Partei für die militärischen
Maßnahmen der israelischen Regierung gegen den Libanon ergriffen. Dazu
kann und will ich nicht schweigen.

Es ist mir selbstverständlich klar, dass Sie damit die Mehrheitsmeinung der
Juden in Deutschland ausdrücken. Jedoch ich hätte mir von Ihnen noch etwas
mehr erwartet, denn Sie lieben Israel, Sie sind politisch erfahren, und Sie sind
traditionsbewusste Juden.

1) Sie lieben Israel. Wie kann jemand, dem das Schicksal des Landes Israel am Herzen liegt, diese Militäraktion gutheißen? Unsere dortigen Freunde und Verwandte werden in den nächsten Jahren mit mehr, statt mit weniger, Gefährdung leben müssen. Bei mir betrifft dies unter anderen meine beiden Geschwister, die als Jugendliche aus Deutschland ausgewandert sind, und ihre Kinder und Enkel. Diese Militäraktion macht Israel nicht sicherer, sondern unsicherer. Der Zorn und die Wut und die Gewalt der Nachbarstaaten werden vervielfacht, der Konflikt wird ausgeweitet, anstatt eingedämmt.

2) Sie sind politisch erfahren. Daher wissen Sie so gut wie jeder andere, dass der Anlass für den Hisbollah-Terror gegen Israel der ungelöste Palästina-Konflikt ist und dass auch jetzt die Hisbollah die zwei israelischen Soldaten offensichtlich darum entführt hat, damit sie sich als Verteidigerin der von Israel bedrängten Bewohner von Gasa in Szene setzen konnte.

Jeder weiß, dass Syrien und Iran und Russland mit dem Palästinakonflikt ihr trübes Süppchen kochen – selbstverständlich aber auch die USA, die nach dem Irak-Debakel nun die israelische Armee als ihren verlängerten militärischen Arm benutzt.

Jeder weiß daher, dass die Alternative zum Dschungel dieser Interessen – und damit zum Krieg – darin besteht, dass die israelische und die palästinensische Regierung (und dem nachgeordnet auch die libanesische Regierung) miteinander verhandeln und Übereinkünfte treffen. Darauf sollten die Freunde Israels hinwirken, anstatt die gewählte palästinensische Regierung zu dämonisieren.

Der Zentralrat der Juden in Deutschland hat Erfahrung darin, mit einer Regierung zu verhandeln, die direkte Rechtsnachfolgerin einer Mörderbande ist. Der Erfolg gibt uns darin Recht.

3) Sie sind traditionsbewusste Juden. Daher wissen Sie so gut wie ich, dass es immer einen Konflikt gegeben hat zwischen jüdischer Religion und Nationalismus. Im Altertum war dies der scharfe Konflikt zwischen unseren Propheten und den Königen von Juda und Israel, und mit dem Aufkommen des Zionismus war es die Auseinandersetzung zwischen Zionisten und Aguda – eine Auseinandersetzung, in der beide Seiten gute Argumente hatten.

Heutzutage haben leider viele Juden diesen Maßstab verloren und denken, man sei ein um so besserer Jude, je entschiedener man für Israels Gewaltpolitik eintritt.

Aber ein solches »Judentum«: Ist das noch das gleiche Judentum, dessen Wesen unser einflussreichster Lehrer Hillel so definierte: »Was Dir verhasst ist, tu Deinem Nächsten nicht an«? Ist das noch das gleiche Judentum, als dessen wichtigstes Gebot unser Rabbi Akiba benannte: »Liebe Deinen Nächsten wie Dich selbst«? Das glaubt mir doch heutzutage keiner mehr, dass dies das »eigentliche« Judentum ist, in einer Zeit, in der der jüdische Staat andere Menschen diskriminiert, in Kollektivverantwortung bestraft, gezielte Tötungen ohne Gerichtsverfahren praktiziert, für jeden getöteten Landsmann zehn Libanesen umbringen lässt und ganze Stadtviertel in Schutt und Asche legt. Ich kann doch wohl vom Zentralrat der Juden in Deutschland erwarten, dass dies wenigstens als Problem gesehen wird.

Selbstverständlich weiß ich, dass ich hier gegen jahrzehntelang fest gefügte Meinungen argumentiere. Aber ich bin nicht der erste, ich werde nicht der letzte sein, und zusammen mit besonnenen Menschen in Israel und außerhalb Israels können wir die Dinge zum Guten wenden.

Die israelische Regierung braucht unsere Solidarität. Im Moment ist sie auf einem falschen Weg, daher braucht sie von solidarischen Freunden jetzt nicht mehr Waffen oder mehr Geld oder mehr public relations, sondern mehr Kritik.

Mit freundlichen und besorgten Grüßen
Rolf Verleger

Das für mich zentrale Problem habe ich in diesem Brief benannt: Ist man ein um so besserer Jude, je entschiedener man für Israels Gewaltpolitik eintritt? Was bedeutet eine solche Definition jüdischen Verhaltens für die Zukunft des Judentums?

KAPITEL 8

Was heißt es heute, Jude zu sein?
Nationalismus als Religionsersatz

Von alters her definieren sich Juden über ihre Religion. Die 613 Aufträge Gottes an sein Volk sind einzuhalten. So sah das Hillel, so sahen das die Weisen des Talmuds, so sahen das unsere Weisen im Mittelalter, so sah das der Lubawitscher Rebbe, als er sich 1903 über die Zionisten ärgerte, und so sieht das heute aktuell mein Bruder, wenn er sagt, die Tora-Rolle, die mein Vater 1958 der Stuttgarter Gemeinde zur Verfügung gestellt hat, solle nur dann in meine Lübecker Gemeinde überbracht werden, wenn in Lübeck regelmäßig zehn Männer in die Synagoge kämen, die »Schomrej Schabbat« sind, also die Schabbat-Ruhe einhalten.

Die Tora wird in Stuttgart bleiben. Es sind in Lübeck keine zehn jüdischen Männer da, die die Schabbat-Ruhe einhalten, obwohl die Jüdische Gemeinde Lübeck über 700 Mitglieder hat. Die große Mehrheit der Juden hält sich nicht mehr an die meisten Gebote der jüdischen Religion – in Lübeck nicht und anderswo auch nicht. Das heißt, die meisten Juden definieren sich heute nicht mehr darüber, dass sie an die 613 Aufträge gebunden sind.

Wie in Kapitel 4 ausgeführt, steht die Entwürdigung und Ungleichbehandlung der Palästinenser durch Israel und seine jüdischen Bewohner im Gegensatz zu Gottes Auftrag der Nächstenliebe und zum zentralen Inhalt der jüdischen Religion. Ein traditioneller jüdisch-religiöser Mensch hat also keine Alternative dazu, als das Vorgehen der jüdischen Siedler und der israelischen Regierungen gegen die arabischen Palästinenser aus tiefstem Herzen abzulehnen.

Diesen Standpunkt teile ich: Auch wenn ich mich nicht mehr an Gottes Aufträge gebunden fühle, bin ich stolz auf diese Tradition, in deren Mittelpunkt der Auftrag der Nächstenliebe steht.

Stolz zu sein auf eine Tradition, sie aber nicht mehr wirklich zu leben, ist kritisierbar. Also muss ich mir wie auch anderen die Frage stellen: Was machen Juden, die sich nicht mehr an Gottes Aufträge gebunden fühlen? Wie definieren sie ihre jüdische Identität?

Die zionistische Antwort auf diese Fragen ist die, die der Lubawitscher Rebbe 1903 als ketzerisch zitierte (s. oben, Kap. 5) und die ich zu hören bekam, als ich mich als junger Mensch wunderte, warum mein jüdischer Bekannter am Feiertag das Radio anschaltete (s. oben, Kap. 2): Jude sein kann bedeuten, sich dem jüdischen Staat zugehörig zu fühlen – man muss nicht mehr die Gebote einhalten.

Zu diesem zionistischen Standpunkt stellen sich aber Fragen.

Erstens: Fühlt man sich dem jüdischen Staat zugehörig auf der Linie von Jabotinsky oder auf der Linie von Achad ha'Am? Heißt »zugehörig fühlen«, jede Maßnahme der israelischen Regierung zu unterstützen, insbesondere was das Vorgehen gegen die arabischen Palästinenser betrifft? Ich denke vielmehr, »zugehörig fühlen« heißt, sich dafür einzusetzen, dass der jüdische Staat gute Maßnahmen trifft. Was aber sind »gute« Maßnahmen?

Gut sind Maßnahmen doch offenbar dann, wenn sie 1) zielführend sind und 2) den Grundregeln menschlichen Zusammenlebens entsprechen.

ad 1) Zielführend heißt in diesem Fall: die Existenz Israels zu sichern. Nach Jabotinsky und Ben Gurion wird Israel seine Existenz dadurch sichern, dass es stark ist und die Araber dominiert. Nach Achad ha'Am, Herzl, Weizman, Hanna Arendt, Mosche Scharet, Nachum Goldmann wird Israel seine Existenz dann sichern, wenn es seine arabischen Mitmenschen und Nachbarn gut behandelt und Frieden und Ausgleich mit ihnen sucht. Das sind zwei verschiedene Wege, und wer sich »zugehörig fühlt«, wird sich zwischen ihnen entscheiden müssen. Die entscheidende Frage dabei ist: Wie geht man als Jude damit um, dass mit der Gründung des Staates Israel der arabischen Bevölkerung schweres Unrecht angetan wurde? Leugnet man es oder stellt man sich dieser Tatsache? Und wenn man sich dieser Tatsache stellt, kann man dann auch mit dem Gedanken umgehen, dass Israel in einer Bringschuld für die zukünftige Friedensregelung steht, da sonst Frieden und Ausgleich nicht zu erzielen sind?

ad 2) Die Grundregel menschlichen Zusammenlebens ist der Kant'sche kategorische Imperativ: »Handle stets so, dass die Begründung Deines Handelns zum Maßstab für das Handeln anderer genommen werden kann.« In Hillels Variante: »Was Dir verhasst ist, tu Deinem Nächsten nicht an.« Maßnahmen, die dieser Grundregel widersprechen, können nicht gut sein. Die Behandlung der Palästinenser durch Israel widerspricht ihr auf den ersten Blick. Auf den zweiten Blick muss man berücksichtigen, dass Befürworter eines »starken« Israel häufig mit dem jüdischen Opferstatus unter Hitler argumentieren: »Nie wieder!« Die allgemeine Regel wäre also: »Wer Angehöriger eines Volkes ist, das von einem anderen Volk bestialisch und systematisch abgeschlachtet wurde, der darf vorsichtshalber ein drittes Volk unterdrücken, damit dieses seinem Volk nicht nochmals das antun wird, was ihm das andere Volk antat.« Diese Regel entspricht offenbar nicht dem kategorischen Imperativ, denn sie führt zu unendlichem neuen Leid. Im übrigen ist diese Regel unkorrekt formuliert. Den historischen Tatsachen entsprechend müsste sie heißen: »Wer Angehöriger eines Volkes ist, das von einem anderen Volk bestialisch und systematisch abgeschlachtet wurde, der durfte schon immer, also bereits ca. 40 Jahre vor diesen Verbrechen, ein drittes Volk unterdrücken.« Denn die Diskriminierungen und feindseligen Akte gegen die arabischen Palästinenser, die Achad ha'Am, Martin Buber, Chaim Weizman und andere kritisierten, all das geschah bereits 1890 und 1913 und lange bevor ein Hitler überhaupt deutscher Reichskanzler wurde. Israels heutige Politik setzt diese Linie fort. Das Nazi-Argument bietet eine willkommene Ausrede, dies weiter zu tun.

Von daher kann es für mich überhaupt keinen Zweifel daran geben: Jude sein bedeutet, neben dem Stolz auf die jüdische religiöse Tradition, sich dem jüdischen Staat zugehörig zu fühlen. Und dieses Gefühl der Zugehörigkeit bedeutet, sich dafür einzusetzen, dass dieser Staat seinen Frieden mit seinen arabischen Nachbarn macht, indem er endlich aufhört, die arabischen Palästinenser als Menschen zweiter Klasse zu behandeln.

Zweitens stellt sich bei dieser Definition von Jude die Frage: Wenn man sich als Jude mit deutscher Staatsbürgerschaft dem jüdischen Staat zugehörig fühlt, wie hält man es dann mit dem deutschen Staat? Fühlen sich Juden dem deutschen Staat nicht zugehörig?

Hatte also dieser Rostocker Stadtrat Recht, als er Ignatz Bubis, der 1992 wegen der Pogrome gegen die Vietnamesen nach Rostock gekommen war, empfahl: »Kümmern Sie sich um die Probleme in Ihrer Heimat!« Und hatte Bubis nicht Recht, als er dem Stadtrat antwortete: »Dies hier ist meine Heimat!«?

Ich werde Bubis für diese Antwort auf immer bewundern. Das ist die Antwort, die auch mein Vater gegeben hätte, trotz seiner Auschwitznummer, trotz des Verlusts seiner ersten Frau, seiner Söhne und seiner Geschwister. Hier in Deutschland lebte er, arbeitete er, zog er Kinder groß, einmal vor dem Morden und einmal danach, hier baute er Häuser, stellte er Leute ein, unterstützte er die örtliche Fußballmannschaft. Und hier liegt er begraben, auf dem Münchner jüdischen Friedhof, in seiner deutschen Heimat, in die er als 5-Jähriger kam, als 38-Jähriger ausgewiesen wurde, als 45-Jähriger wiederkam. Gleichzeitig fühlte er sich Israel zugehörig.

Bubis dagegen verzweifelte an der deutschen Heimat und ließ sich in Israel begraben. Damit traf er sich mit dem tiefen Skeptizismus gegenüber Deutschland, den die jüdische Gemeinschaft seit dem Hitlerreich hatte – selbstverständlich zu recht – und der sich auch in Titeln von Buchproduktionen meiner – der Nachmord-Generation – ausdrückt: »Fremd im eigenen Land«, herausgegeben von Broder & Lang (1979); »Kein Weg als Deutscher und Jude«, von M. Brumlik (2000).

Nun sind aber seit dem Morden mehr als 60 Jahre vergangen. Wieso soll Deutschland für einen Juden immer noch »nicht mein Land« sein? Die Berufung auf die Nazi-Zeit erstarrt zur Ausrede. Sie verdeckt das grundlegende Identitätsproblem der nicht-religiösen Juden. Wenn Judentum aus nichts anderem mehr besteht als auf der Zugehörigkeit zu Israel, dann ist das Bekenntnis zu jedem anderen Heimatland ein direkter Affront gegen die jüdische Identität.

Bis in die 70er Jahre des 20. Jahrhunderts hinein konnten Juden in ihren Heimatländern dieses Problem dadurch für sich selbst verkleinern, dass mit dem Bekenntnis zu Israel ein alternativer kultureller oder politischer Entwurf verbunden wurde. Man konnte beispielsweise in den 20er und 30er Jahren einige Zeit lang in Deutschland damit zubringen, Befähigung für landwirtschaftliches Arbeiten zu erwerben (»Hachscharah«), wie es dann später eventuell im beschaulichen israelischen Dorf-Leben als Ackerbauer gebraucht würde. Man konnte bis in die 70er Jahre sich an der Idee des gemeinsamen alternativen Kibbuz-Lebens begeistern, dazu sich regelmäßig im Jugendzentrum der Gemeinde treffen und in Ferienlager fahren (s. dazu anschaulich Brumlik, 2000). Aber diese alternativen Lebensinhalte haben zunehmend an Bedeutung verloren mit der fortschreitenden Industrialisierung Israels und mit dem Verkümmern der Kibbuzbewegung zu einem Anhängsel der nach üblichen wirtschaftlichen Regeln funktionierenden israelischen Ökonomie, natürlich auch durch die offensichtliche Ungerechtigkeit des Staates Israel gegenüber den Palästinensern. Das Leben in Israel hat seine Strahlkraft für junge Menschen, die nach einem alternativen kulturellen oder politischen Entwurf suchen, weitgehend verloren.

Ohne diese kulturelle Alternative besteht also ungemildert das Problem, wie sich denn die jüdische Identität – für Nicht-Religiöse definiert als Zugehörigkeit zum jüdischen Staat – von der Loyalität zum deutschen Staat unterscheidet. Die Antwort, die sich offenbar für die meisten Juden in Deutschland angeboten hat, ist so: Zu Deutschland hat man im Durchschnitt ein Verhältnis, wie es jeder normale Staatsbürger zu seinem Staat hat: Man betrachtet ihn als sein Zuhause, man interessiert sich für seine Umgebung, man schätzt manches, man kritisiert manches, man versucht manches im eigenen Sinne zu verändern. Zum jüdischen Staat dagegen hat man ein idealisiertes Verhältnis: Alles, was dieser Staat, vertreten durch seine Regierung, tut, ist gut. Dadurch lassen sich die beiden Zugehörigkeiten klar unterscheiden. Man kann als guter deutscher Staatsbürger leben, und man kann sich voll und ganz als Jude fühlen.

Diese Idealisierung des Heimatlandes scheint ein verbreitetes Phänomen bei Volksgruppen zu sein, die außerhalb ihres Heimatlandes leben. So kann man lesen, dass die türkische Bevölkerung in

Deutschland konservativer und dem türkischen Staat treuer ist als in
der Türkei. Ebenso kann man lesen und hören, dass größere Teile der
deutschen Bevölkerung in Namibia (ehemals Deutsch-Südwestafrika)
Ideen nachhängen, die in Deutschland als reaktionär angesehen würden.

Juden in Deutschland, die ihre jüdische Identität auf diese Weise
definieren, als Bekenntnis zur aktuellen Politik des jüdischen Staates,
setzen Kritik an Israels Politik gleich mit Verrat am Judentum, denn
gemäß dieser Identitätsproblematik gibt es kein Judentum außerhalb der Unterstützung der Politik Israels. Das ist Nationalismus als
Identitätsersatz. Das ist nicht gut, denn übersteigerter Nationalismus
hat schon andere Länder in den Abgrund geführt, und so könnte es
auch Israel gehen.

Die Lösung dieser schweren Identitätskrise des Judentums
kann nicht im Nationalismus liegen. Die Lösung sollte daran liegen, Judentum wieder hauptsächlich als das zu definieren, was es
Jahrtausende lang war, nämlich als eine Religion. Dann haben Juden
einen Standpunkt, von dem aus sie die Politik ihres jüdischen Staates
bewerten, loben und kritisieren können.

Die größte Chance und die größte Verantwortung zu einer
Erneuerung haben – wie der Name sagt – die Reform-orientierten
Kreise des Judentums. Ein Lichtblick ist beispielsweise die Zeitschrift
Tikkun von der US-amerikanischen Westküste von Michael Lerner,
der kluge und schöne Dinge schreibt (möglicherweise aber zu sehr
als Guru agiert), beispielsweise das Pessach-Fest in seiner originalen
Bedeutung als Fest der Befreiung und der Chance zur spirituellen
Erhöhung rekonstruiert. Meine Erfahrungen in Deutschland sind leider durchwachsen. Von verbandspolitischen Vertretern des religiös-li-
beralen Judentums in Deutschland habe ich die allerkriegstreiberischs-
ten Aussagen zum Irakkrieg gehört. Hier wird eine große Chance
vertan – vielleicht die letzte Chance des Judentums – eine moralisch
ernstzunehmende Instanz zu bleiben, anstatt in Nationalismus zu er-
sticken. (S. dazu pessimistisch Meyer, 2005).

Man muss hier ja noch hinzufügen, dass ein großer Teil der religiösen Amtsträger im Judentum, besonders in Israel, seit 1967 die
jüdische Religion zur Nationalreligion umdefiniert hat. Dieser mo-

ralische Niedergang ist unglaublich. Es finden sich ja Leute mit Rabbinertitel, die den Mord an Rabin gutheißen, die den verfluchten Baruch Goldstein verehren (der mit seinem Maschinengewehr 1994 in einer Moschee in Hebron ein Blutbad anrichtete und dabei auch sein eigenes Leben verlor) und ähnliches mehr. Das sind doch Quacksalber. Man kann für alles und jedes eine jüdische Begründung finden. Mein Cousin hatte in München ein Taxiunternehmen. Er war so religiös, dass er am Schabbat nicht ein Taschentuch auf der Straße getragen hätte, weil dies Arbeit ist. Jedoch fand er einen Rabbiner, der ihm bescheinigte, dass seine Taxis am Schabbat fahren dürften, denn an diesem Wochentage – so befand der Rabbiner, vermutlich aufgrund einer adäquaten Spende – gehörten die Taxis nicht mehr meinem Cousin, sondern den Fahrern. Ebensolche religiösen Winkelzüge führen diese National-»Religiösen« durch, um die Verstöße gegen den Auftrag der Nächstenliebe zu rechtfertigen. Es ist ein Trauerspiel. Mein jüdischer Religionslehrer hatte leider Recht, als er 1967 sagte: Bisher seien jüdische Religion und Zionismus überwiegend getrennt voneinander und sogar in Gegnerschaft verharrt (s. Kap. 3 und 5). Nun aber, da der zionistische Staat durch militärische Mittel die Klagemauer, als Relikt des Tempels, in jüdische Hände gebracht habe, ebenso die »heiligen« Gräber der Vorväter in Hebron und Rachels Grab in Bethlehem, bestehe die Gefahr, dass sich Nationalismus und die rückwärtsgewandten Teile der Orthodoxie zusammenschlössen und sich eine klerikal-faschistische Ideologie herausbilde.[42]

Als Rabin ermordet wurde, gingen in Jerusalems gut-bürgerlichem religiösen Stadtteil Bajit weGan die Leute mit Bibeln auf die Straße, priesen Gott und untermauerten die Berechtigung dieses Mords durch irgendwelche Bibelzitate.

Nur wenige traditionelle Juden behielten die geistige Größe dagegenzuhalten. Relativ bekannt sind die konsequent antizionisti-

---

42   Dieser Religionslehrer, Harry Maor, war in der Tat ein besonderer Mann. Offenbar zur gleichen Zeit, als er wöchentlich zu uns in die Ravensburger Provinz anreiste und zu den Feiertagen in seiner »Diözese« (wie er sich ausdrückte) Wuppertal vorbetete, habilitierte er an der Universität Heidelberg und übersetzte nebenbei die Biographie Trotzkis von Isaac Deutscher aus dem Englischen ins Deutsche.

schen »Neturei Karta« (aramäisch für »Wächter der Stadt«, nämlich Jerusalem). In meinen Augen ein wirklich großer Orthodoxer und Zionist, der für die nationalistischen Verirrungen nur Hohn und Spott übrig hatte, war Jeschajahu Leibowitz. Er war ein Leuchtturm in der geistigen Düsternis.[43]

---

43   Auf Deutsch ist meines Wissens erhältlich: Leibowitz (1990) Gespräche über Gott und die Welt.

KAPITEL 9

Was heißt es heute, Jude zu sein?
Anti-Antisemitismus als Religionsersatz

Es gibt außer dem Nationalismus noch eine andere, sehr nahe liegende Möglichkeit für Juden, unsere Identität außerhalb der Religiosität zu finden: Im »Nie wieder!«

Wir, die meisten von uns Töchter und Söhne von Opfern der Nazi-Zeit, können nicht einfach zur Tagesordnung übergehen. Wir fühlen als Auftrag unserer ermordeten Vorfahren, dass wir den Kampf, den sie nicht aufnehmen konnten, nun für sie kämpfen sollen: Wir sollen uns wehren. Wir sollen gegen alle Formen von Antisemitismus und Fremdenhass aufstehen. Wir sollen an die Verbrechen erinnern. Wir sollen dafür sorgen, dass das niemals wieder passiert. Wir sollen kämpfen.

Das sind Aufträge, die nicht in der Bibel stehen. Aber es ist das Vermächtnis unserer ermordeten Verfahren.

Es ist hinlänglich bekannt, dass man dieses Vermächtnis auf zwei Arten interpretieren kann, auf die universalistische (»es soll derartiges niemandem je wieder passieren«) und auf die nationalistische (»das soll uns Juden niemals wieder passieren, notfalls müssen andere leiden«). Letzteres halte ich für eine Verirrung, die der jüdischen Tradition und den Regeln menschlichen Zusammenlebens widerspricht, aber so ist es nun mal: Opfer werden nicht automatisch zu besseren Menschen.[44] Auch und gerade Opfer von Gewalt können

---

44   Danke an Petra Mendelsohn, Mitunterzeichnerin von Schalom 5767, für diese
      klare Formulierung.

selbst Ungerechtigkeiten begehen. Darauf möchte ich hier nicht nochmals eingehen. Hier geht es um etwas anderes, nämlich um dieses
Vermächtnis des Anti-Antisemitismus als Identitätsersatz.

Vor langer Zeit (1983-1984) führte ich einen Prozess gegen einen
Ludwigshafener Neonazi erfolgreich durch zwei Instanzen. Der hatte
anlässlich des Nato-Nachrüstungsbeschlusses ein Flugblatt herausge-
bracht, darauf stand groß »Wir warnen die Juden«. Es ging darum,
dass der damalige Vorsitzende des Zentralrats, Werner Nachmann, in
einem Interview mehr oder weniger deutlich gesagt hatte, es stehe den
Deutschen nicht an, nach all dem, was sie in Europa angerichtet hatten, den Beschluss der USA und der Nato zur »Nachrüstung« zu kritisieren. Klug war diese Äußerung sicher nicht, aber Nachmann suchte
stets die Nähe zur Regierungsmeinung, und der neue Bundeskanzler
Kohl hielt hier ja eindeutig an der Linie seines Vorgängers Schmidt fest,
dass diese Raketen nach Deutschland sollten, also wollte Nachmann
ihm wohl nur zur Seite stehen. Der Neonazi sah hier eine Steilvorlage,
um gegen Juden zu agitieren, und verbreitete dieses Flugblatt.

Ein mir befreundeter Rechtsanwalt informierte sowohl Nachmann
als auch die (Ludwigshafen benachbarte) Mannheimer jüdische
Gemeinde von diesem Flugblatt, aber man wollte sich nicht mit solchen Dingen befassen. (Kurze Zeit später wurde Heinz Galinski
Zentralratsvorsitzender. Damit änderte sich dieses Wegducken vor politischem Engagement gegen Neonazis grundlegend.) Also suchte der
Rechtsanwalt einen Juden, der dagegen klagen sollte, und so tat ich es.

Das war nicht ganz einfach. Der Neonazi schnarrte meinen Namen
auf seinem telefonischen Ansagedienst (das war das, was heutzutage
eine website ist) in gekonnt nachgemachtem Tonfall Hitlers. Ich bekam
nächtliche anonyme Anrufe (»Du werden vergast« u.ä.). Während des
Prozesses in erster Instanz trat eine Gruppe junger gutgewachsener
Männer mit sehr kurzen Haaren und sehr langen Schaftstiefeln auf, sie
hielten grinsend die »Jüdische Allgemeine Wochenzeitung« im Arm.
Der Beklagte hatte ein Gebetbuch vom Abend des Versöhnungstages
mitgebracht, las daraus vor und leitete daraus ab, der »Jude Verleger«
könne hier vor Gericht aufgrund seiner Religion und seines jüdischen
Naturells Meineide schwören. Jemand zischte »Seife« zu mir hin.

Es ging gut aus. Der Beklagte wurde zu einer Geldstrafe verurteilt, sein Anrufbeantworter wurde beschlagnahmt. Wir waren frisch umgezogen, und daher fielen auch die Anrufe weg. Es gab noch eine zweitinstanzliche Verhandlung, zu der eine jüdische Gruppe aus Frankfurt zu meiner Unterstützung angereist kam. Auch Galinski hatte mir einen unterstützenden Brief geschrieben. Das Urteil blieb in zweiter Instanz bestehen.

Es war mir völlig klar, dass ich einen Stellvertreterkampf gegen ein Relikt geführt hatte. Meine Eltern und Großeltern hätten sich glücklich geschätzt, wenn ihnen weiter nichts passiert wäre als diese paar Unannehmlichkeiten durch eine Gruppe von Sonderlingen. Aber man muss sich ja trotzdem nicht alles gefallen lassen. Mein Antrag, die Geldstrafe zugunsten einer Organisation auszustellen, die sich um das türkisch-deutsche Zusammenleben bemüht, da das jüdisch-christliche Zusammenleben in Deutschland sowieso nicht mehr existiere, wurde vom Gericht allerdings nicht unterstützt.

So traf ich also, als Sieger eines Scharmützels gegen Antisemitismus, den Rabbiner der Mannheimer Gemeinde und erzählte ihm davon. Der sagte dazu trocken, das sei ja recht und schön, aber das Eintreten gegen Nazis sei die Pflicht jedes anständigen Menschen: Mit Judentum im Besonderen habe das überhaupt nichts zu tun.

Sich wie ein anständiger Mensch zu verhalten, ist ja auch schon mal eine ganze Menge wert, also war ich selbstverständlich dabei, als in Lübeck nach den Brandanschlägen auf die Synagoge (1994 und 1995), während der Pogrome und Morde von Rostock, Mölln, Solingen, vom Bürgermeister der Runde Tisch eingerichtet wurde. Als Vorstandsmitglied der Jüdischen Gemeinde führte ich in der Lübecker Synagoge von 2002 bis 2005 Gedenkveranstaltungen zum 9. November durch, mit bewegenden Auftritten von Überlebenden der Nazi-Morde. (Die erste Veranstaltung war mit meiner Mutter).

Aber es stimmt natürlich: Das Eintreten gegen Nazis ist die Pflicht jedes anständigen Menschen: Mit Judentum im Besonderen hat das überhaupt nichts zu tun.

Wenn einen nun aber das Judentum des Mannheimer Rabbiners nicht mehr interessiert und anzieht? Könnte man dann nicht seine Befriedigung und jüdische Identität darin finden, sich gegen Antisemitismus und Fremdenhass zu engagieren?

Genau das macht der Verfasser dieser Zeilen. Genau das machen
aber auch die meisten Repräsentanten jüdischer Organisationen weltweit. Der Kampf gegen Antisemiten, Fremdenfeinde, Bedroher der
Existenz des jüdischen Volkes, neue Hitlers, alte Muftis, ist überwertig
befrachtet: Es ist nicht einfach das, was man als anständiger Mensch
tun sollte, sondern es ist das, worin wir uns in der Pflicht gegenüber
unseren umgebrachten Vorfahren fühlen, und es ist dadurch wesentlicher Bestandteil dessen, was wir als jüdische Tradition und Teil der
jüdischen Identität sehen. Diese Überwertigkeit ist ein wesentlicher
Grund für die Emotionalität und Verbissenheit, mit der innerhalb des
Judentums die Diskussionen geführt werden, was denn nun »antisemitisch« ist und was nicht.

Wenn Judentum wesentlich darin besteht, die Kämpfe zu führen,
die die Ermordeten nicht führen konnten, und sie nachträglich für die
Ermordeten zu gewinnen: In was für eine Schattenwelt begibt man
sich da? Bekanntlich sagte Begin, damals israelischer Ministerpräsident
und für das Wohlergehen des Staates Israel im Jahre 1982 verantwortlich, als die israelische Armee nach Beirut vorrückte, es komme ihm
vor als würde er nun die Deutschen aus seiner Heimatstadt Minsk
vertreiben. Was mir mein kleiner Neonazi, war Begin die libanesische Miniaturarmee, die im Verhältnis zur Wehrmacht und SS ein
Fliegengewicht darstellte: Gespensterkämpfe?

Was würden wir machen, wenn es keinen Judenhasser mehr gäbe?
Wo sollen wir dann hin mit unserer Wut?

Nun, die meisten Juden würden einem auf diese Frage antworten,
dass sich diese Frage nie stellen wird. Denn Judenhass (sie nennen
ihn »Antisemitismus«) sei ein ewiges Phänomen, in Wellen kommend
und gehend, unbeeinflussbar durch Verhalten der Juden selbst. Seine
Ursachen stecken in tiefen Windungen der christlichen Seele, unaus-
rottbar, und in letzter Zeit eben auch infektiös in die muslimische
Seele eingedrungen.

Ich halte das für eine falsche Meinung.

Erstens benutze ich nur ungern das Wort »Antisemitismus«. Dieses
sollte im 19. Jahrhundert dem ordinären Hass gegen Juden einen wissenschaftlichen Anstrich geben und betonte die Notwendigkeit des
Kampfes zwischen der edlen »germanischen« und der niederen »se-

mitischen« Rasse. (Nach der Bibel hatte Noah drei Söhne: Sem, Ham und Jafet. Einer der Urururururururenkel von Sem war Abraham, der somit laut den pseudowissenschaftlichen Rassisten zur »semitischen Rasse« gehörte und laut Bibel der gemeinsame Stammvater von Arabern und Juden war.) Die Nationalsozialisten nahmen das gerne auf, gab es doch ihren Stammtischparolen, Pöbeleien und Gewalttaten einen wissenschaftlichen Segen.

»Antisemitismus« ist nicht nur ein Nazi-Wort, es ist auch ein Gouvernanten-Wort. Hass ist eine hässliche Sache, hässliche Sachen spricht man ungern aus. Also benutzt man gerne unverständliche Wörter. Aber was sagt man einem 10-Jährigen, wenn er beim Zeitungslesen fragt: »Was ist Antisemitismus?« »Ja, das ist so ein komisches Wort dafür, dass Leute Juden hassen.« Dann ist er eingeweiht. Wenn er das nächste Mal »Antisemitismus« liest, weiß er Bescheid. (Der Verfasser dieser Zeilen lernte das Wort in der »Schwäbischen Zeitung« kennen, als auf dem Jüdischen Friedhof in Hechingen Grabsteine umgeworfen wurden. Aus der Bibel über die Abstammungslinie Sems vorgebildet, wunderte ich mich sehr, warum Deutsche etwas gegen Araber haben.) Und wie nennt man Leute, die Mohren hassen: Antiafrikanisten? Oder gar Antihamiten (nach Ham, einem anderen Sohn Noahs)? Und Skins, die Vietnamesen verprügeln: Sind dass Antimongolisten? Das ist alles lächerlich. Üble Verhaltensweisen versteht und bekämpft man nicht dadurch, dass man sie bis zur Unkenntlichkeit hinter gelehrten Worten versteckt, sondern indem man sie angeht, am besten frontal.

Reden wir also über Hass gegen Juden. Ist Judenhass ewig? Steckt er in den Nichtjuden einfach drin? Ich denke: Ja und Nein. Ja, es gibt einen ewigen unvermeidlichen Anteil, und der steckt in allen Menschen, das ist der Hass gegen alle Anderen und besonders gegen alles Fremde. (Natürlich gibt es auch die Liebe zu den Anderen und die Neugier auf alles Fremde, aber wir Menschen sind nun mal widersprüchliche Wesen.) Die »Anderen« sehen merkwürdig aus, kleiden sich falsch, hören die falsche Musik (mein Nachbar sogenannte norddeutsche Volksmusik, es ist furchtbar!), essen falsche Sachen, benehmen sich falsch, sprechen falsch, glauben an die falschen Ideale. »Was wollen diese Leute überhaupt hier? Können die nicht woanders hingehen?« Dieses unschöne, sehr menschliche Verhalten hat an sich

überhaupt nichts mit Juden zu tun. Jedoch waren Juden jahrhunderte-
lang die einzige weit verbreitete Minderheit in deutschen Landen.
Zum Beispiel, als unsere Lübecker Synagoge 1880 eingeweiht wurde,
waren die ca. 300 Juden die größte religiöse Minderheit in der Stadt.
Im protestantischen Lübeck gab es nicht einmal 300 Katholiken! Diese
Gesellschaft war in einer Weise homogen, wie wir es uns heute gar
nicht mehr vorstellen können. Der allgemeine Hass auf Fremde hatte
gar kein anderes Objekt als die Juden. Es gab keine Schwarzhäutigen,
es gab keine Türken, es gab keine Asiaten, es gab keine Italiener,
Portugiesen, Griechen, Jugoslawen, und es gab keine Russen. Es gab
nicht einmal Pizza.

Wen sollte man da hassen, wenn einem nach Hassen zu Mute
war? Die Juden! Aber heute? Hätten die heldenhaften Reporter, die
im Selbstversuch mit einem jüdischen Käppchen auf dem Kopf durch
Skinhead-trächtige Gegenden in Berlin spazierten, nicht ein härteres
Leben gehabt, wenn sie als Punker verkleidet gewesen wären? Die
werden nämlich mitunter totgeschlagen. Afrikaner wäre auch ris-
kanter gewesen, oder Japaner, Inder, Türken, Russen. Wen interessiert so ein gehäkeltes oder samtenes Käppchen?

Soweit zu den Leuten, aus denen die Nazis die SA-Schlägertrupps
bildeten. Was ist mit den Intellektuellen und der Oberschicht, all den
Leuten, die für die Nazis Kultur, Unterricht und Geschäftsleben juden-
frei hielten? Von diesen war doch heutzutage inzwischen jeder mindestens dreimal in Israel und fünfmal in New York, hat daher gute jüdische
Bekannte und Fachkollegen. Ich glaube, dass diese Schicht wirklich
nicht mehr so borniert ist wie im Deutschland der Kaiserzeit und der
Weimarer Republik. Vorurteile gibt es gewiss auch hier, aber ob diese
gegen Juden stärker sind als gegen Moslems, wage ich zu bezweifeln.

Ignatz Bubis hatte diese Zusammenhänge gut verstanden und
agierte in bewundernswerter Weise gegen den Fremdenhass. Man
konnte damals meinen, er sei auch der Vorsitzende des Zentralrats der
Türken in Deutschland, denn Mitte der 90er Jahre gab es keine ver-
gleichbare Stimme aus der türkischen Bevölkerung, die repräsenta-
tiv für die türkische Minderheit und mit vergleichbarer Autorität wie
Bubis ihre Toten in Mölln und Solingen beklagen konnte. Bubis war
da und kämpfte auf seine Art gegen Fremdenhass und Judenhass.

Heute dagegen hat sich etwas geändert.

Der prominente jüdische Schriftsteller Ralph Giordano wirbt nun dagegen, dass in Köln und anderswo Moscheen gebaut werden. Dabei verwendet er Argumente, die ich nicht von den primitiven Parolen und gelehrten Ausführungen unterscheiden kann, mit denen vor hundert Jahren die Deutschnationalen die Juden aus Deutschland weghaben wollten, aufgrund derer dann die Nazis die Münchner Synagoge bereits im Frühjahr 1938 mit offizieller behördlicher Verfügung abreißen ließen und aufgrund derer noch 1994 ein junger Mann eine Brandbombe in unsere Lübecker Synagoge warf: »Die Moslems« seien nicht »integriert«, daher seien ihre Bauten ein Fremdkörper in unserer Gesellschaft.

Man hat das Gefühl, unsere Offiziellen bemerken nicht einmal, dass es sich bei diesem Hass gegen den Islam um den gleichen Fremdenhass handelt wie beim Judenhass. Vielleicht ist das auch eine Folge des Wortes »Antisemitismus«, mit dem man den hässlichen Tatbestand des Fremdenhasses bis zur Unkenntlichkeit abstrahiert hat.

Tatsächlich hängt der Gedanke, mit dem hier aus schwarz weiß gemacht wird, eng mit dem heutzutage in der jüdischen Gemeinschaft vorherrschenden Begriff von »Antisemitismus« zusammen. Dieser Gedanke, mit dem man so tut, als ginge Fremdenhass in Deutschland die Juden nichts mehr an, ist, dass sich der ewige »Antisemitismus« heutzutage eine »neue Form« gesucht habe: Heutzutage bekämpfen die Antisemiten die Juden nicht mehr dadurch, dass sie sie individuell verprügeln, sondern indem sie ihren Staat zerstören wollen. Antisemiten sind nicht mehr die Nazis und die Rechten, Antisemiten sind die Araber und die Linken. Ich werde mich weiter unten mit diesem Argument genauer auseinandersetzen. Hier nur soviel:

Durch dieses Argument werden das Weltbild und die Identitätsproblematik wieder stimmig: Die israelische Nation ist unsere Nation, und den Auftrag unserer ermordeten Vorfahren, den Antisemitismus zu bekämpfen, erfüllt man, indem man Feinde Israels bekämpft: Jude ist, wer Israel unterstützt und dadurch den Antisemitismus bekämpft.

Was braucht einen bei soviel jüdischem Identitätsersatz noch die jüdische Tradition und jüdische Morallehre zu kümmern?

Kapitel 10

Überwindung der Sprachlosigkeit: Schalom 5767

Wie sollen sich nun nichtjüdische Deutsche gegenüber der israelischen Politik verhalten, angesichts der jüdischen Identitätskrise und auf dem Hintergrund der Ermordung der Juden Europas vor 60 Jahren? Die jüdische Identität ist, wie dargestellt, durch die geschwundene Rolle der Religion in der Krise, aber die deutsche Identität ist es ja auch, und zwar deswegen weil im deutschen Namen und unter Führung von Deutschen zu viele Deutsche daran mitgewirkt haben, ganz Europa mit Krieg zu überziehen und Europas jüdische Bevölkerung auszurotten. Und nun trifft also ein nichtjüdischer Deutscher auf einen deutschen Juden: Es trifft eine Person, die sich zu Recht nicht schuldig fühlt, weil sie persönlich nicht an diesen Verbrechen beteiligt war, die sich aber nicht wirklich sicher ist, ob das die Umwelt und der jüdische Gegenüber auch so sieht, auf eine Person, die sich als Jude identifiziert, ohne dass dieser Jude sich wirklich sicher ist, was jüdisch sein denn nun bedeutet. Es trifft also eine Person, die die Rolle ihrer Vorfahren nicht mehr übernehmen will, auf eine Person, die die Rolle ihrer Vorfahren übernehmen will, aber nicht mehr ausfüllen kann. Das Verhältnis ist dadurch kompliziert genug und bietet reichlich Stoff für Missverständnisse. Die nichtjüdische Person würde gerne als Mensch aus der Gegenwart behandelt werden, die für die Verbrechen der Vergangenheit nicht verantwortlich ist. Die jüdische Person würde gerne als Träger eines reichen Erbes der Vergangenheit behandelt werden, ohne sich genau festlegen zu müssen, welchen Teil des Erbes sie übernehmen möchte. Brisanz entsteht dadurch, dass das Verhältnis dieser Rollen asymmetrisch ist: Die Person, die ihre alte Rolle nicht mehr ausfüllen kann, hat durch eben diese Rolle – als Jude – eine gewisse Definitionsmacht darüber, ob der Person, die ihre alte Rolle des großdeutschen Chauvinisten nicht mehr übernehmen will, eben dies bescheinigt werden kann, dass sie ihre alte Rolle tatsächlich nicht mehr ausfüllt. Durch diese Asymmetrie werden Missverständnisse der komplizierten Rollenerwartungen zu Kommunikationsfallen, die jederzeit zuschnappen können.

Entschließt sich beispielsweise ein Nichtjude, mit einem Juden über israelische Politik zu sprechen, dann ist die erste ungeklärte Frage: Was bedeutet Israel für diesen Juden? Zum Beispiel traf mich kürzlich ein entfernter Bekannter und sagte, es habe ihm gut gefallen, was ich in meinem Brief geschrieben habe, der Brief über »Sie wissen schon, soll ich sagen: ‚Ihren‘ Staat?« Ja, was soll er denn nun sagen? Ich habe im Kapitel 8 versucht, darauf eine Antwort zu geben. Intern, von jüdischer Seite aus, klingt diese Ambivalenz, diese Zerrissenheit zwischen deutscher Heimat und israelischer Ideal-Heimat vielleicht nett und sympathisch, aber wie soll denn ein deutscher Nichtjude adäquat damit umgehen, wenn der angeredete Jude entschlossen wäre, die eigenen Ambivalenzen auszublenden und stattdessen diese Unsicherheiten seiner Umgebung anzulasten. Sagt der Nichtjude »Was Ihr Land da macht, ist aber gar nicht schön«, dann kritisiert er in den Augen des angeredeten Juden nicht nur Israel, sondern gibt auch noch zu verstehen, dass der angeredete Jude kein richtiger Deutscher sei. Sagt der Nichtjude »Was Israel da macht, können Sie und ich als Deutsche nicht schön finden«, dann verlangt er von dem Juden in dessen Augen, dass er Israel nicht als seine Herzensheimat sehen darf.

Diese Unklarheit wäre ja nicht weiter schlimm, man könnte Witzchen darüber machen, was ich mit diesem Bekannten auch gemacht habe, wenn nicht der zweite jüdische Identitätsersatz aktiviert würde, der Anti-Antisemitismus: Was auch gesagt wird, stets schwingt in den Augen von Juden, wenn die eigene Ambivalenz bezüglich der Nationalitätsfrage nicht gesehen wird, ein Angriff auf die jüdische Identität mit, und dieser Angriff kann ja nur eine Ursache haben: den ewigen Hass auf Juden.

Vor dieser Unterstellung haben nichtjüdische Deutsche Angst und halten sich daher lieber heraus. Denn gerade wenn sie Werte von

Anstand und Moral hochhalten, schämen sie sich für die deutschen Untaten unter dem Nazi-Regime und wollen daher keinesfalls vor sich selbst und anderen als Judenhasser dastehen.

Beispielsweise interviewte »Die ZEIT« in getrennten Gesprächen sowohl den spanischen Ministerpräsidenten Zapatero als auch die deutsche Bundeskanzlerin Merkel zum 11.9.2006, also dem fünften Jahrestag des Flugzeugangriffs von Mohammed Atta und Konsorten auf New York und Washington D.C. Die erste Frage an beide Politiker war, wie der Terrorismus zukünftig zu bekämpfen sei. Zapatero erklärte, es habe keinen Sinn, sich an einzelnen Regelungen der Gefahrenabwehr (verschärfte Einreisebestimmungen etc.) abzuarbeiten, solange nicht die Quellen des Terrorismus bekämpft würden, und die wichtigste Quelle sei das ungelöste Palästinaproblem. Die Bundeskanzlerin antwortete auf die gleiche Frage, die Bundesregierung intensiviere ihre Anstrengungen zur guten Ausbildung der Polizei in Afghanistan.

Und so kann Israel die ärgsten Untaten begehen, kann in Gasa den Flughafen zerstören, das Auslaufen von Schiffen verbieten, das Elektrizitätswerk zerbomben, die Wasserversorgung kleindrehen, Hunderte von Menschen inklusive Frauen und Kindern erschießen, mit Panzern die Straßen plattwalzen, den Grenzübergang schließen, wenn Obst und Gemüse exportiert werden sollen, die Fabrik zerbomben, die Tausenden von Menschen Arbeit gab, – all dies unter dem Stichwort der Terrorbekämpfung, aber das offizielle Deutschland wird dazu nichts sagen.

Der offizielle Diskurs der Politiker in Deutschland redet um den heißen Brei herum. Man möchte es sich nicht mit der jüdischen Minderheit verderben, deren Stimmung in den USA aufmerksam registriert wird, man möchte sich nicht mit den USA in dieser Frage anlegen, und man möchte nicht vor der nächsten Wahl von der Presse des Springer-Konzerns niedergemacht werden. Daher besteht in der Frage des Nahostkonflikts ein tiefer Riss zwischen der öffentlichen Meinung, die einen friedlichen Ausgleich der Interessen im Nahen Osten will, dies aber nur ansatzweise artikuliert, und der offiziellen Meinung der Politiker, die rückhaltlos die israelische Position unterstützt. Normalerweise schenken die großen Medien diesem Riss nicht allzu viel Aufmerksamkeit, aber während des Libanonkriegs wuchs diese Spannung täglich an.

Als daher im August 2006 mein Brief zum Libanonkrieg und der jüdischen Identität veröffentlicht wurde und die Dinge einfach beim Namen nannte, da war die Wirkung wie bei Hans-Christian Andersens »Des Kaisers neue Kleider«: Was wir sehen, ist das, was ist. Unrecht ist nicht Recht.

Ich hatte auf dieses Medienecho gehofft, und es kam auch. »Vertreter des Zentralrats kritisiert Israel«. Das war natürlich Unsinn, weil jeder Verein nur von seinem Vorstand vertreten wird und ich nicht im Vorstand des Zentralrats bin[45], aber so las sich das für einen Medienredakteur am griffigsten. Im Ergebnis kamen das Fernsehen, Radiointerviews, Zeitungsberichte, und vor allem erhielt ich viel Post.

Die allermeisten der ungefähr 200 Leute, die mir im August 2006 geschrieben hatten oder mich anriefen, schätzten natürlich und gerade besonders, dass ein Jude dies öffentlich sagte: Andere Leute könnten dies nicht, da sofort der Vorwurf des »Antisemitismus« komme. Die Schreibenden waren neben vielen »einfachen« Bürgern Leute, die Judentum unterrichten, die jüdische Ausstellungen machen, die Gruppenreisen nach Israel organisieren: Leute, die das Judentum lieben und darüber verzweifeln, dass Israel in immer eklatanteren Widerspruch gerät mit all dem, was sie sonst für gut und richtig halten. Geschrieben hatten mir aber auch Weggefährten meines Lebens: Mitschüler, Studienkollegen, mein Professor, bei dem ich Diplom gemacht habe, mein ehemaliger Chef, Ex-Kollegen. Es sprachen mich Nachbarn an, Geschäftspartner, Kollegen, alle positiv.

Natürlich schrieben mir auch Juden. Manche drückten ihren Hass aus, einige bekundeten freundlich ihre Ablehnung meiner Position, manche schrieben mir ihre Unterstützung, verbunden mit der Bitte, nicht öffentlich genannt zu werden, manche wollten mit mir etwas zusammen machen, und das auch öffentlich.

---

45 Das Direktorium, in dem ich als Delegierter Schleswig-Holsteins Mitglied bin, ist ein 30-köpfiges Diskussionsgremium der Delegierten aus den Landesverbänden.

Also entstand die Idee, diesen Widerspruch zwischen der öffentlichen Haltung der deutschen Politik, die zu Israels völkerrechts-
widriger und kurzsichtiger Politik schweigt, und der Mehrheit der
deutschen Bevölkerung, die über dieses Unrecht beunruhigt ist,
öffentlich anzusprechen. Es entstand die Aktion »Schalom 5767«:
Ende September 2006, kurz nach Rosch haSchana, dem Beginn des
neuen jüdischen Jahres, traf ich mich in Berlin mit in Deutschland
lebenden Juden (z.T. Israelis, z.T. Deutsche) und stellte meinen Plan
vor, im neuen Jahr 5767 in Deutschland dafür zu werben, die Tatsache
der Besatzung und die Moral- und Sinnlosigkeit der aktuellen
israelischen Politik und ihrer Unterstützung durch Deutschland
mit einer Unterschriftenaktion zum öffentlich diskutierten Thema
zu machen. Beinahe zwei Monate vergingen noch, bis wir uns
über den Text geeinigt hatten, eine genügend große Zahl jüdischer
Erstunterzeichnender dafür gewonnen und eine website eingerichtet
hatten, dann traten wir mit dem Text an die Öffentlichkeit.

Schalom 5767: Berliner Erklärung

Seit Jahrzehnten leben das israelische und das palästinensische Volk als
Nachbarn. Es gäbe viele Möglichkeiten zur Zusammenarbeit und zur gemein-
samen Entwicklung. Stattdessen wird ihr Leben vergiftet durch Krieg und
Gewalt, durch Bedrohung und Terror, durch gegenseitigen Hass, Verachtung
und Respektlosigkeit.

Das Grundübel ist die seit 1967 andauernde israelische Besetzung
palästinensischen Gebiets. Die Besetzung bedeutet Entwürdigung und
Entrechtung der Palästinenser. Sie lähmt ihr wirtschaftliches, politisches und
soziales Leben. Darüber hinaus verhindert dieses täglich neu erlebte Unrecht
einen friedlichen Ausgleich des alten Unrechts, das den Palästinensern mit
der Vertreibung von 1948 angetan wurde. All dies treibt die Spirale der
Gewalt an.

Es ist an der Zeit, diese Spirale zu durchbrechen und einer dauerhaften
Friedenslösung den Weg zu bereiten, die
- *dem palästinensischen Volk ein selbstbestimmtes Leben in Würde ermöglicht*
- *beiden Nationen die Existenz in international anerkannten Grenzen sichert*

- *die gesamte Region befriedet und dadurch die ganze Erde friedlicher und sicherer werden lässt*

In beiden Gesellschaften, der israelischen wie der palästinensischen, gibt es seit langem Stimmen für Verständigung; die »Genfer Vereinbarung« ist dafür wegweisend (www.genfer-initiative.de). Diese Stimmen brauchen Unterstützung.

Nur wenig Unterstützung kommt jedoch aus Deutschland. Das hat seinen Grund: Vor 61 Jahren endete mit der Niederlage Nazi-Deutschlands der unter Führung von Deutschen begangene Massenmord an den Juden Europas. Scham und Trauer über dieses Verbrechen lässt viele Menschen zur Politik des jüdischen Staats Israel schweigen.

Aber dieses Schweigen ermöglicht neues Unrecht.

Um in diese erstarrte Situation Bewegung zu bringen, haben wir, Jüdinnen und Juden aus Deutschland, als Erstunterzeichnende diese Erklärung auf den Weg gebracht. Denn wir sehen mit Entsetzen, wie der mit so großen Hoffnungen gegründete Staat Israel in einer Sackgasse der Gewalt feststeckt.

Wir fordern die deutsche Regierung auf, mit der Europäischen Union

- *die israelische Besatzungspolitik nicht länger zu tolerieren*
- *kurzfristig den Boykott der Palästinensischen Autonomiebehörde zu beenden*
- *endlich die Verwirklichung eines lebensfähigen palästinensischen Staates ernsthaft anzustreben, in Gaza und dem gesamten 1967 besetzten Westjordanland einschließlich Ost-Jerusalems, mit voller Souveränität und freiem Verkehr.*

Damit wird eine Sicherheitsregelung für die Staaten der Region zu verbinden sein, besonders für das sich bedroht fühlende Israel, ebenso wie für seine Nachbarstaaten. Fragen des Rückkehrrechts der von Israel 1948 vertriebenen Palästinenser können einvernehmlich gelöst werden, wenn Israel als Zeichen der Versöhnungsbereitschaft die Vertreibung als Unrecht benennt. Der Status Jerusalems als Doppelhauptstadt wird zu klären sein. Ein Vorschlag der Arabischen Liga zur Einigung mit Israel liegt vor. Der Frieden wäre greifbar nahe.

»Was Dir verhasst ist, tu Deinem Nächsten nicht an.« So fasste vor zweitausend Jahren Rabbi Hillel das Wesen des Judentums zusammen. Das sollte auch heute der Leitfaden menschlichen Handelns sein, – auch in der Politik.

Bitte unterstützen Sie mit Ihrer Unterschrift diese Erklärung, oder tragen Sie sich ein: auf www.schalom5767.de.

Jüdische Erstunterzeichnende:

Vera Ansbach (Ökonomin, Berlin), Ursula Ansbach (Lehrerin, Berlin), John Attfield (Geschäftsführer, Buchholz), Dr. Hanna Behrend (Historikerin, Berlin), Dr. Friedel Beier (Rechtsanwältin, Berlin), Edna Bejarano (Sängerin, Hamburg), Esther Bejarano (Sängerin, Hamburg), Joram Bejarano (Musiker, Hamburg), Susan Berger (Berlin), Jutta Bergt (Rentnerin, Weil am Rhein), Judith Bernstein (München), Stacey Blatt (Duisburg), Sharon Blumenthal (Juristin, Köln), Prof. Dr. Y. Michal Bodemann (Soziologe, Berlin / Toronto), Iris Borchardt-Hefets (Biologin, Berlin), Marion Brasch (Journalistin, Berlin), Prof. Dr. Almut Sh. Bruckstein (Philosophin, Berlin), Tsafrir Cohen (Journalist, Berlin), Gerty Colden (Rentnerin, Berlin), Martin Colden (Maler, Berlin), Hilary Coleman (Ärztin und Übersetzerin, Düsseldorf), Ruth Czichon (Berlin), Marianne Degginger (Berlin), Prof. Dr. Wolfgang Edelstein (Bildungsforscher, Berlin), Ursula Epstein (Musikpädagogin, Aachen), Erica Fischer (Schriftstellerin, Berlin), Alfred Fleischhacker (Journalist, Berlin), Dr. Michael Fleischhacker (Biologe, Berlin), Bettina Fraenkel (Behindertenpädagogin, Berlin), Ruben Frankenstein (Lehrbeauftragter und Publizist, Freiburg), Ruth Fruchtman (Autorin, Berlin), Kurt Goldstein (Ehrenvorsitzender Internationales Auschwitz-Komitee, Berlin), Werner Goldstein (Journalist, Berlin), Harri Grünberg (Politologe, Berlin), Kurt Gutmann (Berlin), Hella Händler (Berlin), Werner Händler (Berlin), Doreet Harten (Kuratorin, Berlin), Michal Kaiser-Livneh (Psychotherapeutin, Berlin), Schira Kaiser (Studentin, Berlin), Dr. Inge Lammel (Autorin, Berlin), Dr. Kate Leiterer (Biologin, Berlin), Angelika Levi (Regisseurin, Berlin), Gabriel Lévy (Psychologe, München), Dr. Oswald LeWinter (Autor, Seligenstadt), Dr. Erika Lifsches (Ärztin, Mühlheim/Ruhr), Dr. Edith Lutz (Lehrerin, Köln), Petra Mendelsohn (Bibliothekarin, Berlin), Abraham Melzer (Verleger, Neu-Isenburg), Michael Moos (Rechtsanwalt, Freiburg), Gerhard Moss (St. Peter-Ording), Deborah Philips (freie Künstlerin, Berlin), Margalith Pozniak (Zahntechnikerin, Hamburg), Sara Reifenberg (Rentnerin, Berlin), Prof. Dr. Fanny-Michaela Reisin (Informatik, Berlin), Michael Riese (Lehrer, Alsfeld), Dr. Ruth Rosenberg (Tierärztin, München), Rafi Rothenberg (Kameramann, Köln), Ruth Rürup-Braun (Innenarchitektin, Karlsruhe), Dr. Sonja Sager (Juristin, Berlin), Shelly Steinberg (Studentin, München), Dr. Klaus Sternberg (Lehrender, Berlin), Dr. Maria Striewe (Ärztin, Neuss), Richard Szklorz

(Journalist, Berlin), Prof. Dr. Jochanan Trilse-Finkelstein (Germanist, Berlin), Prof. Dr. Ernst Tugendhat (Philosoph, Tübingen), Norma van der Walde (Lehrerin, Buchholz), Prof. Dr. Rolf Verleger (Psychologe, Lübeck), Mordechaj Wejnryb (Rentner, Berlin), Dr. Susan Winnett (Literaturwissenschaftlerin, Hamburg), Dr. Andrea Zielinski (Anthropologin, Hamburg)

Mein Ziel war es, eine Million Unterschriften für diese Berliner Erklärung zu bekommen. Nur eine solche Menge von messbarem Engagement für Gerechtigkeit und Frieden in Palästina anstatt folgenlosem Gegrummel vor dem eigenen Fernsehapparat und im Bekanntenkreis würde zu einer Änderung des öffentlichen Klimas führen können, die nötig wäre, um auch für die Politik einen Kurswechsel auf die Tagesordnung zu setzen. Dieses Ziel wurde nicht annähernd erreicht. Vielmehr sammelten wir bis zum Ende der Kampagne (6. November 2007) 14.444 Unterschriften; davon 71 Erstunterzeichnende, 3.460 elektronisch (Eintrag auf website mit folgender e-mail-Bestätigung), 10.913 schriftlich.

1,44 Prozent des angestrebten Ziels wurde also erreicht, 98,56% fehlen.

Da somit von der deutschen Bevölkerung kein unübersehbarer Impuls in dieser Sache ausging, änderte sich an der deutschen Politik, daher an der EU-Politik und daher an der Lage in Palästina und Israel nichts zum Guten. Die Hamas-Regierung in Gasa wehrte sich im Juni 2007 mit Gewalt gegen einen von ihr mit einer gewissen Plausibilität vermuteten Putsch der Fatah (diese erhielt jedenfalls eine Menge Waffen und Munition aus den USA), wurde weiter von Deutschland und der EU boykottiert, die Bevölkerung Gasas wurde völlig isoliert. Damit wurden diese 1,5 Millionen Menschen tiefer in die Verzweiflung getrieben. Als ein Ausweg aus der Verzweiflung bietet sich für sie verstärkt die Unterstützung gewalttätiger Akte gegen die Schuldigen dieser Misere an. Auch wenn die in Gasa komplett isolierten Menschen diesen Ausweg nicht selbst beschreiten können, wird ihr Anliegen von Anderen vertreten werden. Denn es gibt genug Menschen auf dieser Welt, die sich mit den Einwohnern Gasas solidarisieren, aus dem Gefühl heraus, dass sie ebenfalls vom christlich-unreligiösen übergriffigen Westen in ihren Werten nicht ernstgenommen werden. Die deutschen Innenpolitiker brüten daher über Antiterrormaßnahmen. Man fragt sich, warum dies nicht die deutschen Außenpolitiker tun, so wie es der spanische Ministerpräsident klar benannt hat. Das erste Opfer dieser arabischen Verzweiflung (glücklicherweise nur verletzt) in Deutschland wurde der Frankfurter Rebbe der Lubawitscher Chassidim, dem ein Araber im September 2007 ein Messer in den Bauch stieß.

Obwohl Schalom 5767 also zunächst das Ziel verfehlt hat, wurde im Kleinen einiges bewegt, und so besteht weiterhin die Chance, dass irgendwann bei irgendeinem Anlass, den die Nahostregion leider reichlich bietet, die veröffentlichte Stimmung dahin kippt, wo die allgemeine Stimmung schon längst ist, nämlich auf die Seite von Gerechtigkeit und Frieden im Nahen Osten. Es scheint mir für die wahre Stimmungslage bezeichnend, dass man als Politiker offenbar »Ex« sein muss – Ex-Minister oder Ex-Parteistiftungsgeschäftsführer –, um offen zu sagen, was man über die Nahost-Problematik denkt. Das Eis ist sehr dünn, auf dem sich die offizielle Politik mit ihrer Unterstützung der israelischen Besatzungspolitik bewegt.

Resümee

»Wisse wohin Du gehst« –
Zusammenfassung von Teil 2 in Thesen

Kapitel 7

Die große Mehrheit der jüdischen Gemeinschaft in Deutschland, und daher auch ihre Vertreter in den Gemeinden und im Zentralrat, unterstützt mit bedingungsloser Solidarität Israels kurzsichtige Kriegspolitik und seine beschämende Besatzungspolitik. Mit meinem Brief im Sommer 2006 kam es mir darauf an zu zeigen, dass diese Politik und ihre Unterstützung der uns überlieferten jüdischen Ethik genau entgegengesetzt ist.

Kapitel 8

Tatsächlich ist einem großen Teil der Juden in Deutschland die jüdische Religion unbekannt oder gleichgültig. Will man sich weiterhin zum Judentum bekennen, dann muss diese Leerstelle durch etwas anderes ausgefüllt werden. Als Lückenbüßer bietet sich der Nationalismus an. Der Nationalismus hat eine solche Sogwirkung entfaltet, dass – besonders in Israel, aber nicht nur dort – auch große Teile der jüdischen religiösen Funktionsträger die jüdische Ethik von Gerechtigkeit und Nächstenliebe aufgeben und durch eine nationalistische »Ein-Volk-Ein-Land«-Religion ersetzen.

Kapitel 9

Ein anderer Lückenbüßer für die verloren gehende jüdisch-religiöse Identität ist der Kampf gegen Judenhass. Als Teil des allgemeinen Kampfs gegen Fremdenhass ist dies uneingeschränkt positiv.

Diese Ersatzidentität kann aber auch dazu dienen, die Fehler der nationalistischen Identität zu vertiefen und die Augen vor dem Unrecht zu verschließen, das in jüdischem Namen den Bewohnern Palästinas angetan wurde und weiter angetan wird. Dies geschieht dann, wenn der berechtigte Zorn der arabischen und islamischen Welt gegen die israelisch-nationalistischen Exzesse als Ausdruck von Judenhass umgedeutet wird. Es entsteht ein geschlossenes Weltbild, das durch Kritik von außen kaum noch zu korrigieren ist: Die Bösen sind immer die Anderen.

Kapitel 10

Wenn nichtjüdische Deutsche wegen ihres Entsetzens und tiefen Bedauerns über die Ermordung der Juden Europas durch Deutsche sich heute nicht getrauen, die Vertreibung und Unterdrückung der Palästinenser durch Juden zu verurteilen, so sind dies zwar ehrenwerte Gründe, aber das Verhalten ist unmoralisch. Es ist unmoralisch, weil es dazu führt, dass neues Unrecht weiter geschieht und die Welt immer tiefer in einen Strudel von Gewalt gerät. Die jüdischen Erstunterzeichner von Schalom 5767 und alle Unterstützer dieser Aktion haben einen ersten Schritt getan, um diese fatale Entwicklung in Deutschland umzukehren.

TEIL 3

… und vor wem Du zukünftig Rechenschaft ablegen musst

Vorbemerkung zum dritten Teil

In diesem Teil geht es um den »Antisemitismus«-Vorwurf, der Kritikern von Israels Kamikaze-Politik stets entgegenschlägt. Die Identitätsproblematik des heutigen Judentums, auf deren Grundlage dieser Vorwurf gedeiht, habe ich im vorigen Teil beschrieben. In den nächsten zwei Kapiteln bemühe ich mich – so weit ich es über mich bringen kann –, diesen Vorwurf Ernst zu nehmen und dagegen zu argumentieren. In den abschließenden Kapiteln dokumentiere ich einige der Schwierigkeiten, in der jüdischen Gemeinschaft eine vernünftige Auseinandersetzung über die in diesem Buch angesprochenen Fragen zu führen.

KAPITEL 11

»Antisemitismus« – ein untaugliches Erklärungsmodell für Kritik an Israels Politik

Der Antisemitismus – so kann man neuerdings hören – habe eine neue Form. Heutzutage würden Antisemiten uns Juden nicht mehr nur dadurch bekämpfen, dass sie uns individuell bedrohen, sondern indem sie den jüdischen Staat zerstören wollen. Daher seien Antisemiten nicht mehr nur die Nazis und die Rechten, Antisemiten seien auch die Araber und die Linken. Antisemiten seien sogar wir Juden selbst, wenn wir dazu beitrügen, mit unserer Kritik an Israels Politik den jüdischen Staat zu gefährden.

Da ich, wie oben ausgeführt, das Wort »Antisemitismus« pseudowissenschaftlich und verniedlichend finde, nenne ich im Folgenden diese vermutete neue Form des Judenhasses den »neuen« oder »Neu«-Judenhass.

Die Vertreter dieser Vermutung eines neuen Judenhasses stehen vor vielen Problemen, ihre Behauptungen zu belegen. Ein erstes Problem ist: Der übliche Judenhass ist offen erkennbar. Wer den »Stürmer« las, brauchte keine Vermutungen darüber anstellen, ob Julius Streicher die Juden hasste: Er tat es ganz offensichtlich. Dagegen vertreten wir, die wir des Neu-Judenhasses beschuldigt werden, die Meinung, dass alle Menschen gleich sind und gleiche Rechte haben sollten; ebenso befürworten wir häufig Konfliktlösungen, die auf den friedlichen Ausgleich von Interessengegensätzen zielen. Daher fragt sich, ob es tatsächlich zutrifft, dass wir die Juden hassen und die Juden schädigen wollen. Zugespitzt formuliert: Ist Nächstenliebe antisemitisch? Die Theorie vom Neu-Judenhass muss uns angeschuldigte Personen also zunächst einmal entlarven und unsere »wahren« Motive sichtbar machen. Daher benötigt die Hypothese vom Neu-Judenhass einen Satz von Zusatzhypothesen über die jeweiligen Motive der solcherart angeschuldigten »Antisemiten«. Solche Zusatzhypothesen können sein: 1) Das Motiv von Juden, die Israels Politik kritisieren – z.b. meiner Person –, sei »jüdischer Selbsthass«. 2) Das Motiv von Arabern, die Israels Politik kritisieren – z.b. Jassir Arafat –, sei der »traditionelle islamische Antisemitismus«. 3) Das Motiv von Deutschen, die Israels Politik kritisieren – z.b. Rupert Neudeck (Neudeck, 2006) –, sei, dass bereits die schiere Existenz Israels dem deutschen Wunsch entgegenstehe, eine normale Nation zu sein. 4) Das Motiv von europäischen Politikern, die Israels Politik kritisieren – z.b. José Zapatero –, sei deren traditionelle Verbundenheit mit arabischen Interessengruppen. 5) Das Motiv von christlichen Politikern und Würdenträgern, die Israels Politik kritisieren – z.b. des Friedensnobelpreisträgers Jimmy Carter (s. Carter, 2006) –, sei der traditionelle christliche Antisemitismus.

Das sind dann schon fünf verschiedene Zusatzannahmen, die herangezogen werden müssen, um die Behauptung vom »neuen Judenhass« nachzuweisen. Diese Annahmen müssten bei einem rationalen Austausch von Argumenten jeweils im Einzelfall mit Tatsachen belegt werden. Dies könnte sich mühevoll gestalten. Man hätte daher gerne eine alternative Annahme, die die Befunde sparsamer erklären könnte, mit weniger Argumenten. Eine solche Alternativhypothese, einfach und elegant, lautet: Das Motiv von all uns Kritikern der israelischen Politik ist unsere Überzeugung, dass die Menschenrechte auch für palästinensische Araber gelten.

Belege für die genannten fünf verschiedenen Hypothesen zu finden, gestaltet sich in der Tat schwierig.

1) Israels Politik kritisierende Juden

Wieso sollte ich unter »jüdischem Selbsthass« leiden, also den jüdischen Anteil in meinem Leben ausmerzen wollen? Es geht mir doch vielmehr darum, mein Judentum aus den Fängen einer nationalistischen Ideologie zu befreien?! In der Tat steht Micha Brumlik, der diesen Ansatz der individuellen Seelendeutung jüdischer Israelkritiker in einem Aufsatz in den »Blättern für deutsche und internationale Politik« durchspielte (April, 2007; in gekürzter Form kurze Zeit später in der taz), in meinem Fall – und nicht nur in meinem – vor einem Rätsel. Ich dokumentiere im Folgenden einen wesentlichen Teil meiner Antwort auf Brumliks Artikel, die die »Blätter« im Mai 2007 abdruckten, sowie einen bisher unveröffentlichten Meinungsbeitrag von Iris Borchardt-Hefets, einer Mit-Erstunterzeichnerin von Schalom 5767, weil sie klar und geradeheraus dem »Antisemitismus«-Anwurf eine Antwort erteilt, auf dem Hintergrund einer ganz anderen Biografie als meiner.

Aus meinem Beitrag in »Blätter für deutsche und internationale Politik«, Mai 2007 (mit Erlaubnis der Herausgeber):

Der zentrale Auftrag, den ich als Kind über das Judentum erteilt bekam, lautet: »Du sollst sein a stolzer Jid«. Und das Judentum hat in der Tat geistige Traditionen, auf die ein heutiger Mensch stolz sein kann. Das sind die Traditionen, die Brumlik als »universalistisch« abtut, als peripher für die jüdisch-»ethnische« (= völkische) Tradition. Andersherum wird ein Schuh daraus: Unser französisch-deutscher RaSchiJ (Rabbi Schlomo Jizchaki, 1040-1105, aus Troyes, der lange in Worms und Mainz lebte), der bedeutendste, meistgedruckte und einflussreichste Bibel- und Talmudkommentator, kommentierte den Vers »Liebe Deinen Nächsten wie Dich selbst« so: »Dies ist ein großer Grundsatz in der Tora.« (»se ch'lal gadol baTora«). Wozu die »Sprachen der Weisen« erklärend anmerken: »Damit will er (RaSchiJ) sagen: In diesem Auftrag ist die ganze Tora enthalten (»ni-ch'lal kol haTora), – so wie der alte Hillel sagte.«

Wenn man diese zentralen Aussagen als »eigenen Entwurf jüdischer Identität« abtut (S. 421), weil un-»ethnisch« (= unvölkisch) und »universalistisch«, dann verurteilt man jüdische Religion und Moral zur Bedeutungslosigkeit und zum Untergang (s. das Buch des großartigen Hajo Meyer »Das Ende des Judentums«, Melzer-Verlag 2005). Die Abschaffung der Religion mag ihre Rechtfertigung finden in unserem Zeitalter der Aufklärung. Jedoch blau-weiße Fähnchen schwenken, die »Ethnie« feiern und das Verhältnis zum Judentum verwaltungstechnisch über die Nähe zu »Institutionen« definieren: Das ist ein zu billiger Ersatz für die brüchig gewordene jüdische Identität. Das Loben von Institutionen mag gute preußische Tradition sein, aber ersetzt keine Inhalte. Nationalismus jedenfalls hat schon andere Völker in den Abgrund geführt. Auf diesem Weg zum Abgrund ist Israel schon kräftig vorangeschritten und nimmt die wegen ihrer Identitätsprobleme in kritikloser Solidarität verharrende jüdische Gemeinschaft mit.

Der sinnvolle Weg, die jüdische Religion vor der völligen Bedeutungslosigkeit – oder noch schlimmer: vor dem endgültigen Übergang in eine platte, volkstümelnde, nationalistische Herrschaftsideologie – zu bewahren, ist der, den Brumlik irrtümlicherweise als peripher betrachtet. Es ist der Weg, den der Herausgeber des jiddischen Gebetbuchs zu Rosch haSchana darlegt (das nach 1945 in allen deutschen Synagogen verbreitet war): Er schreibt in der Einleitung zum Gebet am Eröffnungsabend, dass es nicht ausreiche, in der Synagoge (= den »Institutionen«) ein guter Jude zu sein. Vielmehr müsse das Judentum durch seine Taten nach außen ausstrahlen, damit alle Völker erkennen »darkheha darkhei noam wechol netiwoteha schalom«: »ihre – der Tora – Wege sind Wege der Güte und all ihre Pfade sind Frieden«. Dafür stehen Schalom 5767, die European Jews for a Just Peace, die Genfer Initiative, Alfred Grosser und viele andere.

Stellungnahme von Iris Borchardt-Hefets, Mit-Erstunterzeichnerin von Schalom 5767, zum selben Thema:

In letzter Zeit organisierten sich Juden in der Diaspora, um gegen die offizielle Meinung der Jüdischen Gemeinden und der israelischen Regierung Stellung zu beziehen. In Deutschland hat dies zur Veröffentlichung einer »Berliner Erklärung« (http://www.schalom5767.de/) im Herbst 2006 geführt. Dieser Protest findet jetzt Gegenstimmen, auch dank der parallelen britischen Initiative (http://www.ijv.org.uk/).

Micha Brumlik kritisiert diese Stellungnahmen in der taz vom 3.4.2007 (»Antisemitismus unter Juden?«). Sein Artikel enthält kaum sachliche Argumente bezüglich des Inhalts beider Erklärungen. Er bezieht sich mehr auf die Identität der Erstunterzeichner, die nicht zufällig Juden sind. Da ich zu ihnen gehöre, möchte ich auf Brumliks explizite Kernfrage, die in

Deutschland besonders relevant ist, eingehen: wer darf Kritik an Israels Politik üben?

In seinem Artikel beschreibt Brumlik drei Typen jüdischer Kritiker der israelischen Politik. Dabei bleiben dem Leser die aus Brumliks Sicht für (oder gegen) das Judentum der Betroffenen sprechenden biographischen Details nicht erspart, als ob sie von besonderer Relevanz wären angesichts eines scheinbar nicht allgemeinen Rechts, seine Stimme gegen Israels Politik zu erheben.

Da ich schon lange keine Typologie der Juden mehr las, fand ich Brumliks Beschreibung ernüchternd.

Jeder jüdische Typ wird in Brumliks Analyse von einer Person beispielhaft repräsentiert:

1. Der universalistische Jude – am Beispiel Alfred Grosser. Er ist unzweifelhaft ein Jude, da er von den Nazis verfolgt wurde, und diese Festlegung der Verfolger ist für Brumlik entscheidend. Seine Verfolgung als Jude lehrte ihn, ein »moralischer Universalist« zu sein. Er bekennt sich also in der Öffentlichkeit als Jude, bleibt aber nicht nur seinem Stamm treu.

Brumlik führt gegen Grossers Vorschläge zur israelischen Politik das schwache Argument an, Grosser hätte die Folgen von deren Umsetzung nicht zu tragen. Soweit ich weiß, lebt Brumlik selber in Frankfurt, ist aber als Unterstützer der offiziellen israelischen Politik offenbar von der Notwendigkeit befreit, die Folgen von deren Umsetzung tragen zu müssen.

2. Der naive Jude – am Beispiel Tony Judt. Obwohl er nicht von den Nazis verfolgt wurde, ist auch er sicher ein Jude, weil er in einer Familie aufwuchs, die das Judentum praktizierte (hier listet Brumlik ein paar biographische Details auf, die Judts Judentum koscher machen: Besuch einer hebräischen Schule, Erziehung in einem von jüdischer Kultur geprägten Großelternhaus und ein Jahr in einem Kibbuz in Israel). Wie argumentiert Brumlik gegen Judt? Genau so, wie man es mit Frauen macht: er schreibt ihm psychologische Motive zu und betont, sein »Vorschlag ... ist eher der Ausdruck politischer Verzweiflung ... denn ein ernsthaftes politisches Programm«.

Tony Judt hat sicher auch psychologische Motive, da er wie jeder Mensch eine Psyche hat. Bei einem Treffen einiger der jüdischen Erstunterzeichner der »Berliner Erklärung Schalom 5767« traf ich Brumlik zum ersten Mal und konnte die wenig überraschende Tatsache beobachten, dass auch ihn psychologische Motive bewegen. Brumlik betonte immer wieder seine Übereinstimmung mit Israels Politik, und es war von vornherein klar, dass zwischen ihm und

*den anderen Gruppenmitgliedern unüberbrückbare Klüfte existierten. Seine
Antwort auf die Frage, warum er überhaupt zu diesem Treffen gekommen sei,
erinnerte mich an den jüdischen Witz: Wie viele Synagogen braucht ein Jude
auf einer einsamen Insel? Zwei. In der einen betet er, in die andere wird er
nie im Leben gehen.*

*3. Der instrumentale Jude – am Beispiel Harold Pinter. Sein Judentum ist
laut Brumlik zweifelhaft, da er sich wie andere in seiner Gruppe im »bisherigen
Leben nicht durch besondere Identifikation mit der jüdischen Gemeinschaft
hervorgetan« habe. Ach so. Was eine solche »Identifikation« ausmacht, erklärt Brumlik nicht. Er meint wahrscheinlich, dass sich Harold Pinter oder
Mike Leigh bis jetzt nicht als Juden outeten. Pinter widmete seinen Nobelpreis
nicht der Unterstützung israelischer Schriftsteller und Leigh drehte noch keinen
Holocaust-Film.*

*Brumlik löst die Frage »Wer ist Jude?« mit einem tautologischen Trick:
Jude ist einer, der sich mit der jüdischen Gemeinschaft identifiziert (ersatzweise
von Verfolgern mit ihr identifiziert wird), und jüdische Gemeinschaft und jüdische Gemeinde (ersatzweise Israel) sind ein und dasselbe. Wer also nicht mit
der offiziellen Linie des Zentralrats übereinstimmt, gehört nicht zur jüdischen
Gemeinschaft. Das war es dann. Jüdische Nichtjuden raus.*

*Als ich diese Typologie las, konnte ich mich als Israelkritikerin in ihr nicht
wiederfinden. Meine Eltern wurden nicht von den Nazis verfolgt. Mein Vater
ist jüdischer Palästinenser und meine Mutter wurde aus Marokko von den
Zionisten nach Israel importiert. Ich ging in eine hebräische Schule, was in
Israel nahe lag, bin aber nach der zionistischen Doktrin erzogen worden, d.h.
ich kann alle Lieder des Unabhängigkeits- und Holocaustgedenktags singen,
feiere aber kein einziges jüdisches Fest nach religiösem Brauch. Ich habe keine einzige Nacht in einem Kibbuz verbracht, aber fast drei Jahre in der israelischen Armee (äquivalent zu mindestens sechs Kibbuzjahren). Ich trug die
Folgen der Vorschläge von Kissinger und Bush (Grosser und Brumlik beein-
flussten mein Leben leider weniger). Jetzt lebe ich nicht mehr in Israel und bin
kein Mitglied der jüdischen Gemeinde. Bin ich für Brumlik genug Jüdin, um
Israels Politik zu kritisieren?*

*Als ich darüber nachdachte, ob ich als Jüdin die »Berliner Erklärung«
unterschreiben soll, wusste ich, dass eine solche Unterschrift problematisch
ist. Denn es geht nicht zuletzt um eine Erlaubnis von Juden für Nichtjuden,
Kritik an Israels Politik äußern zu können, ohne sofort einen Schlag mit der*

Antisemitismus-Keule zu erhalten. Mit meiner Unterschrift als Jüdin leistete ich wohl oder übel der Grundannahme Vorschub, Israelkritik sei eine »jüdische Sache«. Am Ende nahm ich es in Kauf, da die Eskalation im Nahen Osten schlicht zu gefährlich ist. Gleich Brumlik fürchte ich ihre Folgen bis hin zum Atomschlag, halte aber das Gießen von Öl ins Feuer für die falsche Gegenmaßnahme.

Die Deutschen dürfen laut offiziellem Israel bzw. dem Zentralrat der Juden in Deutschland Israels Politik bedingungslos unterstützen: U-Boote und andere Waffen an Israel liefern, die ökonomische Kooperation fördern usw., sollen sich aber sonst nicht in die israelische Politik einmischen.

Die 71 jüdischen Erstunterzeichner der Schalom 5767 Initiative und bis jetzt mehr als 7000 Deutsche meinen, dass die deutsche Regierung sich so oder so in die Politik des Nahen Ostens einmischt. Sie haben das bürgerliche Recht und die Pflicht, an ihre Regierung zu appellieren, um deren Handeln zu beeinflussen. Dabei müssen sie keinen Stammeszugehörigkeitstest absolvieren. Jeder darf Universalist sein.

Von den meisten mir bekannten jüdischen Kritikern der israelischen Gewaltpolitik gilt dasselbe wie bei Iris Borchardt-Hefets und mir: Die Hypothese, dass sie aufgrund »jüdischen Selbsthasses« ihre Meinung äußern, ist eine substanzlos dahergeplapperte Unterstellung. Die einfache Alternativhypothese lautet: Wir kritisieren die Gewalt- und Besatzungspolitik Israels, weil wir der Überzeugung sind, dass die Menschenrechte auch für palästinensische Araber gelten.

2) Der »traditionelle islamische Antisemitismus«

Was ist der »traditionelle islamische Antisemitismus?« Wollten Moslems schon immer alle »Juden ins Meer werfen«? Die Fakten sehen so aus: Christen, nicht Moslems, haben Juden im Lauf der letzten zwei Jahrtausende abgeschlachtet: zu Pestzeiten, bei Pogromen, in Auschwitz. Christen, nicht Moslems, haben Juden während des gesamten Mittelalters aus dem Wirtschaftsleben ausgegrenzt. Christen, nicht Moslems, haben Juden wegen Ketzerei verbrannt. Christen, nicht Moslems, haben Juden aus ihren Städten und Ländern verjagt (z.B. Spanien 1492, Regensburg 1519) oder gar nicht in ihre Städte hineingelassen (z.B. in Lübeck bis 1815). Die Liste der christlichen Hass-Taten gegen Juden kann noch um viele Zeilen erweitert werden. Schaut man sich dagegen die Lage der Juden unter muslimischer Herrschaft an, dann ist es sicherlich so, dass die Juden nicht gleichberechtigt mit den Muslims waren. Aber sie hatten berufliche und soziale Aufstiegsmöglichkeiten, in Andalusien sogar bis zum Großwesir – in christlichen Staaten völlig undenkbar. Die Juden, die 1492 aus dem unter katholischer Herrschaft vereinten Spanien ausgewiesen wurden[46], siedelten sich selbstverständlich um das Mittelmeer herum an, in islamischen Staaten, weil die moslemischen Gesellschaften sich freundlicher zu den Juden verhielten als die christlichen. Selbstverständlich gab es auch unter Christen viele tolerante Menschen. Dazu gehört als herausragendes und sicherlich nicht einziges Beispiel König Kasimir der Große von Polen und Litauen, der die europäischen Juden in sein Land einlud. Jedoch können heute auch die größten Hetzer gegen den Islam nicht bestreiten: Falls es tatsächlich irgendwo irgendwann in der Geschichte Judenhass in islamischen Gesellschaften gab – man soll niemals nie sagen –, so war er jedenfalls nicht stärker als der christliche Judenhass, sondern im Regelfall unbedeutend (Cohen, 2005).

Diese Dinge haben sich zum Schlechten gewendet, seit es die neuzeitliche jüdische Einwanderung nach Palästina gibt. Dies geschah genau gemäß der von Herzl in »Altneuland« vorausgesehenen Logik, wo Reschid Bey ausruft: »Würden Sie jemanden als Eindringling oder Räuber ansehen, der Ihnen nichts wegnimmt, sondern Ihnen im Gegenteil etwas zukommen lässt? Die Juden haben unser Leben bereichert, wie können wir Zorn auf sie empfinden? Sie leben mit uns als unsere Brüder, warum also sollten wir sie nicht lieben?«

Wie ausführlich in Kapitel 5 ausgeführt, kamen Juden in das Land, in dem Araber wohnten, kauften Land auf und grenzten diese Länderein von den arabischen Bewohnern ab. Eingewanderte Juden

---

46   Daher die »sefardischen« Juden genannt (Sfarad ist hebräisch für Spanien), im
      Gegensatz zu den mitteleuropäischen »aschkenasischen« Juden.

bauten mit ausländischem Geld Fabriken, stellten aber auf Druck der nationalistischen Gewerkschaften keine Araber ein und ließen diese daher nicht an dieser wirtschaftlichen Entwicklung teilhaben. Das entsprechend dem jüdischen Wunsch 1920 eingerichtete Mandatsgebiet »Palästina« zerschnitt das arabische Territorium und machte damit die Bestrebungen nach einer arabischen staatlichen Einheit zunichte. Araber brachten Juden um, und Juden brachten Araber um. Schließlich, 1947 und 1948, flohen Hunderttausende Araber vor den jüdischen Milizen in die Nachbarländer. Der jüdische Staat behielt das gesamte zurückgelassene Eigentum.

Wie konnten also die Araber die Juden nicht als »Eindringlinge« ansehen? Nicht als »Räuber«? Nahmen die Juden den Arabern nichts weg? Ließen sie ihnen im Gegenteil etwas zukommen? Hatten die Juden das Leben der Araber bereichert? Lebten Juden mit Arabern als ihre Brüder?

Man stelle sich nur mal vor, was in der Schweiz los wäre, wenn zuwandernde Deutsche alle Berggipfel zur landwirtschaftlichen Nutzung einzäunten und alle Fabriken übernähmen. Die Schweizerischen Gegenreaktionen mit dem traditionellen Deutschenhass der Eidgenossen zu begründen, wäre schlicht Ausdruck deutscher Arroganz.

Und als ob die Vergangenheit nicht schon genügend Grund für Hass wäre: Wie sieht es heute in Palästina aus? Gibt es aktuell irgendeinen einsehbaren Grund für Palästinenser, den israelischen Staat nicht zu hassen? Wenn es denn am Islam läge: Hassen christliche Palästinenser den jüdischen Staat weniger als muslimische Palästinenser?

Daher: Die Behauptung, der Grund für den palästinensischen Hass auf Israel im besonderen und auf die Juden im allgemeinen sei der »traditionelle islamische Antisemitismus«, ist nicht plausibel.

Die einfache Alternativhypothese lautet: Die palästinensische Bevölkerung und ihre politischen Führer sind der Überzeugung, dass die Menschenrechte auch für sie selbst, für palästinensische Araber gelten. Daher hassen sie diejenigen, die ihnen diese Rechte in der Vergangenheit wegnahmen und täglich aufs Neue wegnehmen.

3) Israels Politik kritisierende Deutsche

Liegt tatsächlich der deutschen Kritik an Israel zugrunde, dass bereits dessen schiere Existenz dem deutschen Wunsch entgegensteht, eine normale Nation zu sein?[47]

Auch diese Hypothese erscheint unnötig kompliziert. Kritik an Israels selbstzerstörerischem Kurs wird in Deutschland nicht intensiver geübt als in anderen Ländern der EU, sondern eher weniger und zurückhaltender. Daher besteht keine logische Notwendigkeit, einen Deutschland-spezifischen Grund anzunehmen, der hierzulande Kritik an Israel besonders begünstigt.

Zweitens ist die Annahme sehr zweifelhaft, dass die Deutschen die Schoa vergessen möchten. Durch Verdrängung der Vergangenheit anstatt durch Erinnern eine normale Nation zu werden – das war Deutschlands Kurs in der Adenauerzeit. Heutzutage scheint eher das Gegenteil zuzutreffen. In Deutschland ist eine absolute Leidenschaft aufgekommen, der Ermordung des europäischen Judentums zu gedenken: Es wurde eine riesige Gedenkstätte in Berlin eingerichtet, überall werden »Stolpersteine« eingeklopft, jedes Heimatmuseum hat seine Plakette, in der an die Deportation erinnert wird. Es ist doch ganz offensichtlich, dass ein großer Teil der deutschen Bevölkerung und auch deutsche Mandatsträger und Politiker die Ehre Deutschlands darin suchen, sich intensiv dieser Verbrechen zu erinnern, mit dem Nebeneffekt, damit auch international als die geläuterten Gutmenschen vom Dienst dazustehen. Ich finde das auch gut so. Das ist besser als beispielsweise die widersprüchlichen Signale aus der Türkei zur Erinnerung oder Verleugnung der ethnischen Säuberung ihres Landes von der armenischen Volksgruppe und aus Russland zu den Verbrechen während der Besetzung des Baltikums und Polens (z.B. die Verschleppung der lettischen Regierung in sibirische Lager und die Morde von Katyn), und es öffnet für Deutschland den Weg in die Zukunft.

Drittens ist es offensichtlich unplausibel, dass der Wunsch, das Zeitalter des Nationalsozialismus zu leugnen, das treibende Motiv für jemanden sein soll wie Rupert Neudeck, der sich seit Jahrzehnten für

---

47   Heinrich & Wiesengrund (2007), S. 56.

Flüchtlinge einsetzt, für jemanden wie Norman Paech, der sich um die Geltung des Völkerrechts bemüht, für Organisationen wie pax christi, die sich dem Gedanken der Nächstenliebe verschrieben haben.

Die einfache Alternativhypothese zur Erklärung dafür, dass Rupert Neudeck, Norman Paech, pax christi und viele andere öffentliche Stimmen eine gerechte Lösung des Palästina-Problems wünschen, lautet: Diese Personen sind der Überzeugung, dass die Menschenrechte gleichermaßen für palästinensische Araber wie für Deutsche und wie für israelische Juden gelten.

4) Israels Politik kritisierende europäische Politiker

Ist der spanische Ministerpräsident deswegen ein Kritiker israelischer Gewaltpolitik, weil in Spanien traditionell arabisches Geld investiert wird?

Dies mag sein, ich kann es nicht beurteilen. Ich habe diese Hypothese hier als Beispiel für Vermutungen aufgezählt, die ich häufig über politische Hintergründe zu hören bekomme. Man müsse doch – so heißt es dann häufig – hinter die Kulissen sehen, es gehe um den Interessengegensatz von Iran und USA oder um saudi-arabischen Einfluss oder um ein Ablenkungsmanöver von den Menschenrechtsverletzungen in Darfur oder Ähnliches. All das mag richtig sein oder auch nicht. Es kann aber auch nicht die Alternativhypothese widerlegen, dass z.B. Zapatero auch deswegen das Palästinaproblem lösen will, weil er sich sorgt, dass die Verletzungen der Menschenrechte und des Völkerrechts in Palästina die Rechtfertigung für Gewalttaten in Europa bilden könnten.

5) Israels Politik kritisierende christlich beeinflusste Prominente

Ist die Kritik von Jimmy Carter an Israels Besatzungspolitik ein Ausdruck von christlichem Antisemitismus?

Carter, ehemaliger Präsident der USA, hat 2006 ein Buch veröffentlicht, in dem er die schleichende völkerrechtswidrige Besiedlung des besetzten Palästinas durch Israel beschreibt, die Einengung der arabischen Bewohner in immer kleinere Gebiete, die Landenteignung. Das Buch erhielt einen polemischen Titel: »Peace Not Apartheid«[48]. Daraufhin wurde er zum »Antisemiten« gestempelt. Zur Erinnerung: Carter bekam den Friedensnobelpreis dafür, dass er 1979 das Camp-David-Abkommen zwischen Israel und Ägypten vermittelte. Mit diesem Abkommen wurde der Frieden zwischen Israel und Ägypten hergestellt und damit die Existenz Israels sicherer gemacht. Dieser Carter soll sich nun als Antisemit entlarvt haben.

Die schlichte Alternativhypothese ist: Carter ist der Überzeugung, dass die Menschenrechte auch für palästinensische Araber gelten.

Fazit: Die Unterstellung, dass die Kritiker der israelischen Gewalt- und Besatzungspolitik »in Wirklichkeit« »antisemitische« Motive haben, lässt sich in vielen Fällen nicht überzeugend belegen. Dagegen ist in jedem der beschriebenen Fälle die Vermutung plausibel: Das Motiv all dieser Kritiker ist, dass die Menschenrechte auch für Palästinenser gelten sollen.

---

48   Siehe auch zum gleichen Thema: Rohlfs (2007), Zertal & Eldar (2007)

Kapitel 12

Der Vorwurf des »Antisemitismus« als Mittel zur Ausgrenzung unliebsamer Meinungen

Mit dem Vorwurf des »Neuen Antisemitismus« wollen die Verteidiger der israelischen Kriegspolitik eine Grenzlinie markieren. Diejenigen, die diese eingebildete Grenze überschreiten, gehören in den Augen der jüdischen Nationalisten nicht mehr zur Gemeinschaft. Sondern: Wer diese »Grenze« überschritten hat, ist »Antisemit«. Beispielsweise definiert der US-amerikanische Professor Alvin P. Rosenfeld in seiner Broschüre »‚Fortschrittliches' jüdisches Denken und der Neue Antisemitismus« (2007) erlaubte Grenzen der Kritik. Jenseits dieser Grenze ist für ihn eine andere Meinung nicht mehr einfach eine andere Meinung, sondern »antisemitisch«, ein Ausdruck von Judenhass.

Das ist natürlich eine sehr einfache Methode, mit Kritik fertig zu werden: Man muss sich ihr nicht stellen, man kann sie einfach als »böse« denunzieren. Ich möchte mich im Folgenden mit den Argumenten auseinandersetzen, die in diesem Buch von Rosenfeld und Gleichgesinnten vorgetragen werden.

Das Vorwort zur deutschen Ausgabe der Broschüre von Rosenfeld ist von dem jüdischen niederländischen Autor Leon de Winter verfasst. Dort gibt de Winter eine Definition der Grenzlinie, die nicht überschritten werden darf: Woran erkennt man einen »Antisemiten«?

Kritik an Israel ist legitim, aber dem jüdischen Staat Bedingungen zu stellen, deren Erfüllung von keiner anderen Nation der Region verlangt wird – das ist Antisemitismus. (de Winter, 2007, S. 8).

Kritiker der israelischen Politik würden also gegen das selbstverständliche Gebot verstoßen, gleiche Maßstäbe anzulegen: Sie würden

Israel besonders streng kritisieren, aus keinem anderen Grund als dem, dass sie Juden hassen. De Winter selbst gibt in seinem Vorwort leider kein Beispiel für eine solche unbillige, »antisemitische« Kritik. Ich versuche hier daher, in seinem Sinne drei Beispiele zu geben.

1) Er könnte die Forderung meinen, dass Israel die Besatzung von Gasa und des Westjordanlands aufgeben solle. Das ist in der Tat eine sehr alte Forderung an Israel. Jedoch hat sich das Ausland leider bisher nicht zu Sanktionen aufgeschwungen, um dies auch durchzusetzen. Im Gegensatz dazu wurde der Irak – zweifellos eine »Nation der Region« – mittels Waffengewalt von George Bush sr. schnell und präzise zur Erfüllung der Forderung gebracht, die Besatzung Kuwaits aufzugeben. Auch Syrien – eine andere »Nation der Region« – wurde schließlich dazu gebracht, seine Besatzungstruppen aus dem Libanon abzuziehen. Passiert ist hier also das Gegenteil von dem, das de Winter beklagt: Israel genießt, was die Besatzung angeht, eine privilegierte Behandlung. Würde Israel wegen seiner Besatzungspolitik mit Sanktionen belegt, dann wäre dies keine Ungleichbehandlung, sondern der Beginn einer Gleichbehandlung mit den »Nationen der Region«.

2) De Winter könnte auch die Forderung meinen, dass Israel die Regeln des Völkerrechts beachten soll, die für besetzte Gebiete gelten, unter anderem Verbot der Besiedlung des Gebiets mit Bevölkerung des besetzenden Landes, Verbot des Abzugs von natürlichen Ressourcen (dabei geht es in Palästina vor allem um Wasser). In der Tat wird diese Forderung an keine andere »Nation der Region« gestellt, weil nämlich keine andere »Nation der Region« in dieser Weise gegen das Völkerrecht verstößt.

3) De Winter könnte die Forderung an Israel meinen, auf die atomare Anreicherung zu verzichten, um keine Atombombe zu erhalten. Diese Forderung wird an den Iran gerichtet (ebenfalls eine »Nation der Region«), aber nicht an Israel. Denn Israel hat die Bombe schon längst. Auch hier genießt Israel eine privilegierte Behandlung.[49]

---

49   Der Physiker Mordechai Vanunu, der die Weltöffentlichkeit über die israelische Bombe informierte, von der sowieso jeder wusste, wurde wegen Landesverrats in Israel achtzehn Jahre ins Gefängnis gesteckt. Die Studentenschaft der Universität Glasgow hat nun Vanunu in Abwesenheit (er

Ob es beunruhigender ist, dass Israel die Atombombe besitzt, und nicht der Iran, bleibe an dieser Stelle undiskutiert. Fakt ist, dass Israel Sonderrechte eingeräumt werden. Es wird nicht, wie de Winter behauptet, an Bedingungen gemessen, die kein anderer Staat erfüllen muss, sondern ihm wird zugebilligt, sich außerhalb des Bewertungsmaßstabes aller anderen Staaten zu bewegen. Daher: Mit seiner Definition von »Antisemitismus« bei der Kritik an Israel scheint es De Winter nicht um Tatsachen und überprüfbare Feststellungen zu gehen.

Lassen wir nun Alvin P. Rosenfeld selbst zu Wort kommen. Er malt auf den ersten Seiten seines Essays (Rosenfeld, 2007) ein Schreckensbild von Europa: *»Adolf Hitler ist weiterhin eine Quelle der Inspiration für Gruppierungen der europäischen Rechten, von denen sich manche von den diskreditierten Rändern der Politik in die respektable Mitte aufgemacht haben, so in Frankreich, Belgien, Deutschland, Italien …« (S. 13-14).* Dies sind erstaunliche Behauptungen. Denn wer hat sich in Deutschland, als »Gruppierung der Rechten«, mit Adolf Hitler als »Quelle der Inspiration«, in die »respektable Mitte« aufgemacht? Die CDU? Die ist wohl nach allgemeiner Einschätzung »respektabel« und in der politischen »Mitte« und sieht sich vielleicht auf der »rechten« Seite des politischen Spektrums, aber hat gewiss nicht Adolf Hitler als Quelle der Inspiration. Die NPD? Die hat vielleicht Hitler als »Quelle der Inspiration«, aber in die »respektable Mitte« hat sie sich nun wirklich noch nicht aufgemacht – zumindest ist sie dort noch lange nicht angekommen. Wen meint Rosenfeld also? Was ist dies für ein tatsachenloses Geraune?

Genauso wenig ist klar, wen er in Frankreich, Belgien, Italien meint. In Frankreich vielleicht Le Pen? Dieser ist aber von der politischen Bühne abgetreten. In Belgien vielleicht den rechtsradikalen Vlaamse Belang? Dieser erhält seine Stimmen aber leider auch von Antwerpener Juden. In Italien vielleicht Berlusconi mit seinem post-

---

darf auch jetzt, nach Ablauf der 18 Jahre, Israel nicht verlassen) zu ihrem Rektor gewählt. Vom kürzlich verstorbenen jüdisch-britischen Physiker und Friedensnobelpreisträger Joseph Rotblat wurde Vanunu jedes Jahr seit seiner Verhaftung für den Friedensnobelpreis vorgeschlagen: Die jüdische Intelligenz steht nicht auf Seiten der Nationalisten.

faschistischen Koalitionspartner? Dieser hatte sich aber – so wie die israelische Regierung – für den verlogenen und törichten Irakfeldzug stark gemacht, gegen den auch Rosenfeld offensichtlich nichts einzuwenden hat. Wer ist von diesen rechtsgerichteten politischen Gruppierungen also in der Nachfolge Adolf Hitlers Antisemit?

Und in gleichem Stil fährt Rosenfeld fort: »*Zeitgleich fing die intellektuelle Elite der europäischen Linken an, ihre Antipathie gegenüber Juden … lautstark zu artikulieren (S. 14)*«.

Auch hier völlig unklar, was und wer konkret damit gemeint ist. Wer wäre in Deutschland überhaupt die »intellektuelle Elite der Linken«? Günter Grass? Dieter Hildebrandt? Jürgen Habermas? Hat da irgendwer irgendetwas Kritisches gegen Israels nationalistische Politik gesagt? Leider nein, meines Wissens.

Rosenfeld gibt dann allerdings ein konkretes Beispiel für »Antisemitismus« linksgerichteter Politiker: *»Der Bürgermeister von London, Ken Livingston, … bezeichnete Israels Premierminister Ariel Scharon als ‚Terroristen‘ und ‚Kriegsverbrecher‘, der hinter Gitter, nicht aber in ein politisches Amt gehöre.«* (S. 16)

Wieso sollte Herrn Livingstons sehr pointiertes Urteil über einen einzelnen jüdischen Menschen den Schluss erlauben, dass für ihn alle Juden aufgrund ihres Jude-Seins schlechte Menschen sind?

Livingston ist übrigens nicht der einzige, der einen bekannten israelischen Politiker als Terroristen bezeichnet. Hannah Arendt, Albert Einstein und andere hellsichtige amerikanische Juden taten dies 1948 in einem gemeinsamen Leserbrief an die New York Times, als Menachem Begin, der Kommandeur des Massakers von Deir Yassin, kurz nach diesem Verbrechen die USA besuchte. Begin war bekanntlich der politische Ziehvater von Scharon. Hat schon einmal jemand Albert Einstein als Antisemiten bezeichnet? Das wäre höchste Zeit …

Alvin P. Rosenfeld würde dies möglicherweise tun. Jedenfalls beklagt er, dass heutzutage tatsächlich Juden mit »*bösartigsten Anschuldigungen*« *(S. 18)* gegen den jüdischen Staat dem »Antisemitismus« Vorschub leisten. Und damit kommt Rosenfeld dann wenigstens zu zentralen Punkten, nämlich erstens: Die Lage seit 1967. *»Israels Politik, jüdische Siedlungen in der Westbank und in Gaza … zu unterstützen, war lange Zeit der Anlass für hitzige Debatten … manchmal schroffe Behandlung der Araber*

in diesen Gebieten … Diese Politik … zu kritisieren ist für sich genommen noch
nicht antisemitisch. Aber Israel einen Nazi-Staat oder einen Apartheidstaat zu
nennen … oder ihm ethnische Säuberungen, gar einen Genozid vorzuwerfen,
sprengt jegliche Grenzen legitimer Kritik« (S. 18).

Hier fehlt ein entscheidendes Wort. Es fehlt der Begriff, der
den völkerrechtlichen Status der Gebiete Gasa und Westbank beschreibt. Gasa und Westbank sind BESETZTE Gebiete. Die entscheidende Forderung an Israel lautet, die BESATZUNG aufzugeben.
Rosenfelds Kritik verschweigt das. Und es bleibt unklar, was er beklagt: Plädiert er dafür, immer sachlich-höflich zu bleiben, niemals
zuspitzend-polemisch zu werden? Oder plädiert er dafür, dass wir
nur Einzelmaßnahmen kritisieren dürfen, niemals die gesamte politische Linie der Besetzung? Welche dieser beiden Kritik-Arten macht
nach Rosenfelds Meinung den »Antisemitismus« aus? Dürfen wir die
gesamte politische Linie kritisieren, wenn wir auf polemische präg-
nante Zuspitzungen verzichten? Dürfen wir sagen, dass die gesamte
Besetzung ein Unrecht ist? Oder ist dies »antisemitisch«? Dies lässt
Rosenfeld unausgesprochen. Eine solche undefinierte Grauzone ist
vielleicht durchaus vorteilhaft, wenn er und seine nationalistischen
Freunde Andersdenkende je nach Belieben ausgrenzen wollen.

Zweitens: 1948. *»Den schärfsten Kritikern Israels geht es schon lange*
nicht mehr um 1967 und die territorialen Eroberungen … sondern um 1948
und die sogenannte ,Schandtat' beziehungsweise ,Ursünde': Es geht um die
Gründung Israels an sich. … Die Diskussion kreist … um Israels Ursprung
und sein Existenzrecht.« (S. 19) »Die Ereignisse von 1948, die den Israelis
einen unabhängigen Staat brachten und den Palästinensern Niederlage und
territoriale Zerstreuung« (S. 21).

Auch hier lässt Rosenfeld eine eigenartige Leerstelle, nämlich: Wie
kam es zur »territorialen Zerstreuung«? Man muss das Verursachen
dieser »Zerstreuung« nicht eine »Schandtat« nennen, eine sachliche
Beschreibung wäre völlig ausreichend. Aber er lässt auch hier wieder
unklar, ob eine sachliche Bewertung bereits unstatthaft ist: Ist es unstatthaft, wenn wir die Vermutung aussprechen, dass die »territoriale
Zerstreuung« eine Massenflucht der arabischen Bewohner Palästinas
war, aufgrund von Todesangst oder Ausübung unmittelbaren Zwangs?
Ist es unstatthaft darüber nachzudenken, ob es Recht war, das von

den Vertriebenen verlassene Land zu konfiszieren? Ist es unstatthaft, zu dem Schluss zu kommen, dass dies ein großes Unrecht war? Herr Rosenfeld mag dies »antisemitisch« nennen. Aber in Wahrheit ist dies der Kern des israelisch-palästinensischen Konflikts. Dies ist nicht ein Konflikt von Gut gegen Böse, sondern der Streit um ein Stück Land, das den palästinensischen Arabern Heimat war und den Juden als einzig mögliche Heimat erschien. Herr Rosenfeld stellt Regeln auf, mit welchen Worten man diesen Konflikt verschweigen soll. Mir geht es darum, wie man ihn lösen kann.

Im restlichen Teil seines Aufsatzes referiert Rosenfeld verschiedene jüdische Stimmen aus dem englischsprachigen Teil der Welt, die die israelische Regierungspolitik kritisieren; manchen unterstellt er offen, dass sie antisemitisch seien, bei den meisten lässt er dies nur anklingen. Aus Rosenfelds Beschreibung geht hervor, dass viele dieser Stimmen auf der Grundlage der jüdischen Moral argumentieren, aufgrund ihrer eigenen Lebensgeschichte und mit viel persönlicher Beteiligung. Auffälligerweise lässt Rosenfeld diese Argumente generell nicht gelten; er möchte sie offenbar nur als geschickte Taktik verstanden wissen, als die Verkleidung der Wölfe im Schafspelz. Was dabei aber auch auffällt ist, dass Rosenfeld selbst keinen Rückgriff auf jüdische Moral und Tradition vornimmt. Ich halte das nicht für zufällig, genau das ist ja das Thema meines Buches: Der hier von Rosenfeld als nicht zu hinterfragen hingestellte übersteigerte Nationalismus hat keine solide Grundlage in der jüdischen Tradition.

Rosenfelds mit den Fakten so großzügig und mit den Begriffen so sparsam umgehendes Werk ist offensichtlich völlig belanglos. Ich habe mich deswegen hier damit auseinandergesetzt, weil diese Broschüre vom Zentralrat der Juden in Deutschland im Juni 2007 an alle Landesverbände der jüdischen Gemeinden geschickt wurde, als – so im Begleitbrief – »Denkanstoß«. Dies habe ich hier wörtlich genommen und darüber nachgedacht. Möge es auch anderen zur Erkenntnis verhelfen.

KAPITEL 13

Diskussion ist möglich, aber unerwünscht

Die Chance einer argumentativen Auseinandersetzung innerhalb der deutschen jüdischen Gemeinschaft eröffnete die monatlich erscheinende »Jüdische Zeitung«[50], als sie im Januar 2007 unsere »Berliner Erklärung Schalom 5767« abdruckte und den ältesten Erstunterzeichner unserer Erklärung, Kurt Goldstein, ausführlich zu Wort kommen ließ.[51] Wie nicht anders zu erwarten, erntete die Zeitung dafür reichlich Empörung. In ihrer nächsten Ausgabe (Februar 2007) wurden drei kritische Leserbriefe abgedruckt. Mit den Argumenten dieser Leserbriefe setzten sich drei Initiatoren von Schalom 5767 auseinander. Ich dokumentiere hier diese Diskussion, weil ich zeigen möchte, dass wir durchaus Argumente haben, vielleicht sogar die besseren.

Israels Zukunft hängt von der Wahrung der Menschenrechte ab
von Kurt Goldstein / aus Jüdische Zeitung No. 1/2007

Als ich einmal einem ranghohen Vertreter der katholischen Kirche sagte, dass wir Juden nicht das Recht haben, den Palästinensern das anzutun, was die Nazis uns angetan haben, sagte dieser mir: »Herr Goldstein, Sie als Jude dür-

---

50 Nicht zu verwechseln mit der »Jüdischen Allgemeinen«, die in direkter Verantwortung des Zentralrats der Juden in Deutschland herausgegeben wird.

51 Ein halbes Jahr später, im September 2007, ist Kurt Goldstein im Alter von 92 Jahren verstorben. Sein Andenken sei uns zum Segen.

fen das vielleicht sagen. Wenn ich das sage, bin ich ein Antisemit.« Das ist der Punkt: Wer Israel kritisiert, ist Antisemit.

Genau aus diesem Grund habe ich die Erklärung »Schalom 5767« mit unterschrieben. Endlich finden sich Menschen zusammen, die den Staat Israel als das betrachten, was er ist: Ein Staat, der wie jeder andere Staat das Recht hat, in seinen durch die UNO festgelegten Grenzen unbehelligt zu leben. Dieses Recht muss gesichert werden. Israel ist aber auch ein Land, das nicht mehr Rechte als jedes andere Land der Erde hat. Ein Land, das in besonderem Maße an die Einhaltung der Menschenrechte gebunden ist, weil seine Existenz an eben diese Menschenrechte geknüpft ist.

Darum ist es schlimm, dass sich Israel wider Recht und Gesetz ein riesiges Atomwaffenlager zugelegt hat. Wofür die Nazis in Auschwitz, wo ich 30 Monate vor den Gaskammern gesessen habe, eineinhalb Jahre gebraucht haben, das kann man mit Atomwaffen in einer Nacht machen. Dass Israel Atomwaffen haben kann, ist dabei lediglich jener Position geschuldet, die sich manche Juden nach dem Zweiten Weltkrieg angeeignet haben: Weil wir diejenigen waren, die so gelitten haben – und ich weiß, was wir gelitten haben –, glauben sie, dass wir »alles dürfen«, sogar Atomwaffen haben. Doch diese Haltung greift zu kurz und wird sich zwangsläufig gegen uns wenden.

Im Juni 1935 kam ich nach Palästina, weil ich in Frankreich keine Aufenthaltsgenehmigung mehr bekam, und habe in der Bucht von Haifa am Bau der ersten Textilfabrik mitgearbeitet. Dabei kam ich mit einem Arbeiter ins Gespräch: Er war ein 1923 aus Galizien eingewanderter Jude, der nach Palästina gekommen war, um dort Eretz Israel aufzubauen. Das erste Werkzeug, das man ihm dort in die Hand gegeben hatte, war ein Gewehr. Er sollte arabische Kleinbauern von dem Land vertreiben, auf dem sie seit Generationen gelebt haben, um dort einen Kibbuz aufzubauen. So fing sein Dissens, sowohl mit seiner religiösen Lebensauffassung als auch mit seiner politischen zionistischen Position an. Durch diesen klugen Freund habe ich die Geschichte Palästinas und Israels aus Zeitzeugenmund erfahren. Wie beispielsweise die Hagana nach dem Zweiten Weltkrieg die Palästinenser zu Hunderttausenden aus ihren Dörfern verjagt hat.

Als unser Stammvater Jakob auf dem Sterbebett lag, hat er seine Söhne gerufen und sie zur Versöhnung aufgerufen – das haben sie nicht getan. Als ein fundamentalistischer Jude den Ministerpräsidenten Itzchak Rabin erschossen hat und an seinem Grab der jordanische König, der ägyptische Präsident und

Schimon Peres einander die Hände reichten, habe ich gedacht: Jetzt endlich beginnt das, was Jakob vor 3000 Jahren von seinen Söhnen gewollt hat. Leider ist es diesmal noch nicht gelungen. Es ist richtig, dass in die Charta der PLO geschrieben war, die Juden ins Meer jagen zu wollen. Aber auch wurde begriffen, dass, wenn ein eigener Staat geschaffen werden soll, Frieden mit Israel geschlossen werden muss. Man war dazu bereit. So sehr, dass selbst Shimon Peres, der ja eigentlich ein Falke war, vorübergehend zu einer Taube werden musste.

Es stimmt nicht, dass die arabische Welt per se die Juden aus Israel vertreiben will. Mit Jordanien und Ägypten sind zwei wichtige Staaten zum Frieden bereit, ohne die kein Krieg gegen Israel geführt werden kann. Mit Syrien könnte es auch Frieden geben, wenn Israel die Golanhöhen räumen würde. Das wäre kein Problem, da sie mit heutigen Waffen ohne Bedeutung geworden sind. Doch Israels Regierung weigert sich, die Höhen herzugeben.

Auch wenn ein einzelner jüdischer Soldat entführt wird und als Reaktion darauf im Gazastreifen Hunderte Palästinenser gezielt ermordet werden, kann der Hass nicht überwunden werden.

Es wurde gesagt, dass eine Erklärung wie »Schalom 5767« Wasser auf die Mühlen der Antisemiten in der ganzen Welt sei. Doch in Wirklichkeit hilft diesen nichts mehr als das, was Israel im Libanon-Krieg gemacht hat. Jeder, der für Toleranz zwischen den Völkern und Religionsgemeinschaften und für humanistische Grundsätze ist und die von der UNO-Generalversammlung verabschiedete Deklaration der Menschenrechte zur Regierungspolitik aller Länder dieser Erde machen will, der kann nicht anders als das, was Israel gemacht hat, für völkerrechtswidrig zu bezeichnen. Und wer das tut, der läuft Gefahr, als Antisemit bezeichnet zu werden. In Wirklichkeit sind wir, die die »Berliner Erklärung« verfasst und unterzeichnet haben, die Vertreter einer friedlichen Zukunft Israels, während diejenigen, die alles, was Israel macht, verteidigen, das Land gefährden. Fast meine ganze Familie lebt dort, ich bin der einzige, der hier in Deutschland geblieben ist. Meine selige Mutter und meine drei Geschwister sind 1936 nach Palästina gegangen. Keiner kann also sagen, ich sei dem Land und seinen Bewohnern feindlich gesonnnen. Wir, die Unterzeichner von »Schalom 5767«, sehen uns vielmehr als Vertreter jenes Humanismus, der es unseren Verwandten in Israel ermöglicht, dort leben zu können – und zwar in Frieden.

Die »Berliner Erklärung« richtet sich aber vorrangig an die deutsche Regierung. Auch diese muss grundsätzlich ihre Politik ändern, wenn sie auch nur annähernd das wieder gutmachen will, was die Nazis gegen die Menschlichkeit getan haben. Sie muss eine Politik machen, die den Grundsätzen des Humanismus entspricht. Deshalb kann nur das Völkerrecht ihre Richtschnur sein. Es gibt in der vielleicht schönsten deutschen Musik, in Beethovens 9. Sinfonie, den Schlusschor »Seid umschlungen, Millionen! Diesen Kuss der ganzen Welt!«. Das sollte die Maxime deutscher Außenpolitik sein. Natürlich muss Deutschland für die Sicherheit Israels eintreten – aber auch für die Sicherheit der Palästinenser. Israels Grenzen von 1967 müssen gesichert werden, aber die Palästinenser müssen das Gebiet bekommen, das ihnen durch die UNO zugesprochen worden ist. Das ist die einzige Perspektive, die es für Israel gibt.

Nur in friedlicher Koexistenz kann das Land bestehen, sonst wird es für immer eine von Feinden umgebene Insel bleiben. Und Deutschland muss mehr als alle anderen Länder dieser Erde dafür sorgen, dass sich das möglichst bald ändert.

Die einzigen, die in die Welt gegangen sind, ohne sich andere Völker zu Diensten zu machen, sind die Juden gewesen. Sie haben immer versucht, sich in die Völker einzuordnen, dafür haben sie viel Blutzoll gezahlt. Aber was ist die Alternative? Soll nun dem, was Christentum und Islam gemacht haben – andere Völker zu unterjochen –, nachgeeifert werden? Wohl kaum. Wir können nur dabei bleiben, dass wir friedlich mit anderen Völkern leben wollen – selbst wenn wir dabei Blutopfer in Kauf nehmen müssen.

Wer glaubt, dass ein militärisch mächtiges Israel die Zukunft für uns Juden sein kann, täuscht sich. Vielmehr werden auch wir Juden, die nicht dort leben, unter einem solchen Staat leiden. Und nichts wäre schlimmer als Judenfeindschaft, die eine begründbare Ursache hat.

In der folgenden Ausgabe, im Februar 2007, kamen kritische Stimmen gegen diesen Abdruck zu Wort. Erstens ein schimpfendes »Kuratorium«, zweitens wurden drei Leserbriefe abgedruckt. Drei der Erstunterzeichner von Schalom 5767 – Petra Mendelsohn, Dr. Edith Lutz und ich – hatten auf diese Leserbriefe geantwortet, zufällig jeder auf einen anderen. Daher folgt hier jedem dieser Briefe der Beitrag eines unserer Erstunterzeichner. Unsere Beiträge wurden von der Jüdischen Zeitung leider nicht mehr gedruckt – da war das »Kuratorium« dagegen.

Erklärung des Kuratoriums aus Jüdische Zeitung No. 2/2007

Mit größter Verwunderung haben wir, die Mitglieder des Kuratoriums des »Jüdischen Zeitung« (JZ), den auf Seite 3 der JZ vom Januar 2007 publizierten Beitrag von Kurt Goldstein »Ein Staat wie jeder andere« gelesen. Es ist für uns unerklärbar und nicht nachvollziehbar, wie dieser Artikel, der verleumderische, beleidigende und halbwahre Behauptungen und Unterstellungen über den jüdischen Staat enthält, von einer jüdischen Zeitung in Deutschland publiziert werden konnte. Nicht genug damit. Auf derselben Seite druckt die JZ unter der Überschrift »Schalom 5767 – Berliner Erklärung« einen Aufruf ab, der den jüdischen Staat als den Aggressor und brutalen Kriegstreiber beschreibt.

Und dies alles wird ohne Kommentar von der »Jüdischen Zeitung« publiziert! Will sich etwa diese Zeitung zum Sprachrohr anti-israelischer Propaganda machen? Wir distanzieren uns in aller Entschiedenheit von diesem Artikel und erwarten Aufklärung, wie es zu diesem skandalösen Vorgang kommen konnte.

Hermann Simon, Alexander Brenner, Arno Lustiger, Stephan J. Kramer, Rachel Salamander.

Dr. Hermann Simon ist Direktor der Stiftung Neue Synagoge Berlin – Centrum Judaicum. Dr. Alexander Brenner ist ehemaliger Vorsitzender der Jüdischen Gemeinde zu Berlin. Prof. Arno Lustiger ist Historiker der neueren jüdischen Geschichte aus Frankfurt. Stephan Kramer ist Generalsekretär des Zentralrats der Juden in Deutschland. Rachel Salamander ist Gründerin der jüdischen »Literaturhandlung« in München.

Die Unterstellung, Israel würde in der »Berliner Erklärung« als »Aggressor und brutaler Kriegstreiber« bezeichnet, ist sachlich nicht zu rechtfertigen. Zumindest von denjenigen Mitgliedern des Kuratoriums, die sich von Berufs wegen mit Texten beschäftigen, hätte man eine etwas korrektere Zusammenfassung des Textes erwarten können.

Das Ganze, heißt es, sei mehr als die Summe seiner Teile: In diesem Fall stimmt dies offenbar nicht: Dieses Kuratorium hat sich auf seinen kleinsten gemeinsamen Nenner zurückgezogen: nationalistische Wagenburgmentalität.

Eine dreiste Rechtfertigung des Antisemitismus
Leserbrief, abgedruckt in Jüdische Zeitung No. 2/2007

Es ist verwunderlich, dass eine seriöse Zeitung, wie die »Jüdische Zeitung« eine ist, unkommentiert derartige Artikel veröffentlicht, wie den von Kurt Goldstein in der Januarausgabe – noch dazu auf Seite 3. Die Petition »Schalom 5767 – Berliner Erklärung« vertritt zwar eine ärgerliche und dümmliche, aber durchaus tolerierbare Meinung. Wenn man angesichts von unzähligen Selbstmordanschlägen mit Hunderten von Opfern, wenn man angesichts von Tausenden Katjuscha-Bomben auf israelisches Gebiet und über 700.000 israelischen Flüchtlingen im vergangenen Sommer, ganz zu schweigen von der immensen Bedrohung seitens des Irans, von einem sich »bedroht fühlenden Israel« spricht, schreit die Naivität dieser Petition dermaßen in den Himmel, dass man sich jede weitere Auseinandersetzung mit ihr ersparen kann. Der Artikel von Herrn Goldstein überschreitet hingegen die Grenzen des Hinnehmbaren deutlich. Nur um auf ein paar Äußerungen von ihm einzugehen: Goldstein schreibt gleich zu Beginn, »dass wir Juden nicht das Recht haben, den Palästinensern das anzutun, was uns die Nazis angetan haben ...«. Wenn eine derartige infame und indiskutable Äußerung von einer anderen Person, beispielsweise von einem Politiker gekommen wäre, hätte die JZ sicherlich sofort – und zu Recht – die Notbremse gezogen und dementsprechend kommentiert. Goldstein vergleicht hier die Schoa mit dem Israel-Palästina-Konflikt. Sicherlich passieren auch seitens Israels einige unschöne Dinge, doch Goldstein relativiert damit nicht nur extrem die Schoa, sondern beleidigt auch Millionen von Israelis. Weder im Gaza, noch in der Westbank gibt es Konzentrationslager, Massenerschießungen, Gettos oder Rassengesetze, wie sein Vergleich hingegen vermuten lässt.

Angesichts des israelischen mutmaßlichen Atomwaffenbesitzes behauptet Goldstein weiter, dass »manche Juden« (er spricht immer noch nicht von Israelis) nach dem Zweiten Weltkrieg die Position vertreten würden, dass sie »alles dürfen«, und vergleicht natürlich gleich die Gefahr der Atomwaffen mit den Gaskammern von Auschwitz. Sicherlich sind Atomwaffen eine äußerst unschöne Angelegenheit (wie man an den brutalen Folgen von Hiroshima gesehen hat), doch eines vergisst Goldstein zu betonen: Dass es eben ohne jene Atomwaffen den jüdischen Staat doch gar nicht mehr geben würde – und dass Israel nie diese einsetzen würde, um einen Massenmord zu begehen. Solche bru-

talen Phantasien werden in Teheran gesponnen, nicht in Jerusalem, aber auch das vergisst er zu erwähnen.

Darüber hinaus ignoriert Herr Goldstein in seinem Pamphlet die Tatsache, dass vor 60 Jahren auch hundertttausende Juden aus den arabischen Ländern fliehen mussten (natürlich erwähnt er die »Verjagung« der Palästinenser durch die Hagana). Er behauptet, dass »die arabische Welt per se die Juden« nicht aus Israel vertreiben wollen – ohne sich zu den dezidierten Erklärungen dazu von Hamas, Hisbollah oder aus Syrien zu äußern. Goldstein betont, dass » … im Gazastreifen Hunderte Palästinenser gezielt getötet werden« – was erstens so nicht stimmt und eine Verdrehung der Tatsache ist, dass es seit dem Rückzug aus dem Gazastreifen weit mehr als 100 Raketenangriffe auf Israel von dort aus gab. Und er gibt letztendlich de facto Israel die Schuld am Antisemitismus angesichts des Libanonkrieges.

Sein Artikel endet mit dem zynischen Satz: »Und nichts wäre schlimmer als Judenfeindschaft, die eine begründbare Ursache hat« – eine dreiste Rechtfertigung des Antisemitismus, natürlich sind die Juden daran selber Schuld!

Herr Goldstein hat viel Schreckliches erlebt und seine Verdienste in Spanien oder seine mutige Haltung während der Schoa sind ihm sehr hoch anzurechnen. Dennoch sollte man einer solchen verdrehten Meinung nicht so eine Plattform bieten – vor allem nicht unkommentiert. Goldstein reiht sich hiermit ein in die Reihe Langer, Avnery und Finkelstein; das ist sein gutes Recht in einer freien Gesellschaft, aber unterstützenswert ist es nicht – wenn, dann zu bedauern. Herr Goldstein versteht sich als Vertreter des Humanismus – vielleicht hätte er an diesen auch in seiner Zeit in der menschenunwürdigen DDR-Diktatur denken sollen.

Maya Zehden & Mirko Freitag, Berlin

Unveröffentlichter Diskussionsbeitrag auf den Leserbrief von Zehden & Freitag:

Als eine der ErstunterzeichnerInnen der Berliner Erklärung *bin ich sehr erschrocken über die Leserbriefe in Heft 2/2007 auf die Veröffentlichung ebendieser in Ihrer Zeitung. Abgesehen von den mir bereits oft begegne-*

ten Belehrungsversuchen mit angeblich ganz objektiven historischen Fakten aus der Entstehungsgeschichte des israelischen Staates, finde ich auch die Bemerkungen wie »naiv« oder »dümmlich« für unsere Erklärung diskriminierend.

Die Frauen und Männer, die diese Erklärung unterschrieben haben, sind meiner Meinung nach durchaus verantwortungsbewusst und ehrlich besorgt über die bereits 40 Jahre andauernde repressive Besatzungspolitik Israels und deren Folgen sowohl für die palästinensische, als auch für die israelische Bevölkerung. Ich denke, dass meine jüdischen MitunterzeichnerInnen es weder nötig haben, ihren »latent unterschwelligen Antisemitismus« hinter der Kritik an der Politik des Staates Israel zu verstecken, noch von angeblich »jüdischem Selbsthass« (ich finde dieses Wortgefüge übrigens antisemitisch) geprägt sind.

Natürlich bin ich gegen Selbstmordattentate und verstehe auch die Angst vor Beschuss mit Katjuscharaketen, aber ich frage mich oft: Wie soll oder wie darf palästinensischer Widerstand gegen die übermächtige, mit den modernsten Waffen ausgerüstete und äußerst brutal vorgehende israelische Besatzungsarmee aussehen? Besonders wenn ich in Ha'aretz ständig lesen kann, dass die wöchentlichen friedlichen Proteste der Einwohner des palästinensischen Dorfes Bil'in mit stetig brutaleren Mitteln von den Soldaten der IDF niedergeschlagen werden, wenn die Einwohner dieses Dorfes von ihren Mitkämpfern aus der israelischen und internationalen Friedensbewegung bewusst isoliert werden, damit ebendiese israelischen Soldaten völlig unbeobachtet Menschenrechtsverletzungen begehen können. Eine so lange andauernde Besatzung verändert nicht nur die unter der Besatzung Leidenden, sondern auch die Besatzer!

Wenn über 50% der Befragten einer EU-Umfrage den Staat Israel für die größte Bedrohung für den Weltfrieden halten, ist das mit Sicherheit auch eine Wahrnehmungsfrage, aber es ist sicherlich nicht antisemitisch. Und Atombomben sind nicht »äußerst unschön« sondern eine der grausamsten Vernichtungswaffen, und nukleare Abschreckung ist zum Schutz eines Staates oder seiner Bevölkerung völlig ungeeignet.

Ich wünsche mir durchaus einen Meinungsaustausch mit anderen Lesern Ihrer Zeitung, aber bitte ohne Polemik, und der Friedenspolitik im Nahen Osten sachdienlich.

Petra Mendelsohn, Berlin

Anbiederung wird nichts verändern
Leserbrief, abgedruckt in Jüdische Zeitung No. 2/2007

Ich war – gelinde gesagt – mehr als erstaunt, dass die »Jüdische Zeitung« die »Berliner Erklärung« im redaktionellen Teil ihres Blattes veröffentlichte. Diese private Meinungsäußerung einer relativ kleinen Gruppe hätte ich allenfalls als Anzeige akzeptieren können. Aber wir leben ja in einem freien Land, in dem jeder seine Meinung äußern kann, auch wenn sie falsch ist!

Wie Sie wissen, verstecken weite Bevölkerungskreise in unserem Land ihren latenten Antisemitismus hinter einer antiisraelischen Haltung (siehe das sicher auch Ihnen bekannte Umfrageergebnis der EU, in dem über 50 Prozent Israel für den größten Feind des Weltfriedens halten.) Beschwichtigungspolitik und Anbiedern, wie es in der Erklärung anklingt, wird an dieser Haltung nichts ändern. Etliche der Unterzeichner sind mir persönlich bekannt. Entweder haben sie keine Ahnung von den Realitäten im israelischen-arabisch/islamischen Konflikt, waren nie oder kaum in Israel, haben sich nie für das Land eingesetzt, oder aber sie sehen den Konflikt durch die ideologisch eingefärbte rosarote Brille. Auch sind viele der Unterzeichner – bewusst oder unbewusst – stark beeinflusst durch ihr nichtjüdisches Umfeld, das häufig bemüht ist, die Verbrechen seiner Väter und Vorväter auf andere zu projizieren und ihnen daher die »Sünden« Israels vorhält. Dass man diesem Druck ausweichen will, wird unter anderem dadurch belegt, dass etliche der Unterzeichner jetzt von Nichtjuden gelobt werden, nach dem Motto »Ja, dies finden wir sehr gut, dass Juden sich israelkritisch äußern und sich damit für den Frieden im Nahen Osten und für die Palästinenser einsetzen. So denken wir auch, aber wir können das nicht öffentlich äußern, denn dann gelten wir ja als Antisemiten.« Das Perfide ist, dass Antisemiten schon immer ihre »Alibijuden« brauchten, auf die sie sich berufen konnten.

Ähnliche Diskussionen führen wir schon seit rund 40 Jahren. Wir waren während des Milchemet scheschet hajamim [= Sechstagekrieg, R.V.] im Land, meine Frau in Jerusalem und ich im Dreiländereck südlich des Kinneret, und stellten nach unserer Rückkehr nach Deutschland im Frühjahr 1968 fest, dass viele der hier sicher und gut gepolstert sitzenden Gutmenschen, die vor dem Krieg mit Worten so besorgt um Israel waren, es nicht verzeihen konnten, dass Israel den Krieg überlebt, ja gewonnen hatte. Die Erwartungshaltung, Israel und damit die Juden in der Opferrolle zu sehen, war enttäuscht worden. Ab jetzt wurden die Rollen vertauscht, aus den Opfern wurden Täter gemacht und umgekehrt. Und schon damals beschränkte sich diese Haltung nicht nur auf Nichtjuden (wie meinte kürzlich Henryk Broder in diesem Zusammenhang sinngemäß: »*Das Adjektiv jüdisch ist nicht immer gleichbedeutend mit Intelligenz*«)*. Mit Diskussionen, gar mit sachlichen Argumenten, war hier selten etwas Sinnvolles zu erreichen. Daher sind wir es inzwischen eigentlich leid, an solchen Diskussionen teilzunehmen (und tun es doch immer wieder, wie sich hier zeigt), in denen meistens jede/jeder auf seiner vermeintlich* »*richtigen*« *Meinung beharrt. Sicher ist es keine Frage, dass die regierenden Politiker Israels Fehler machen, die man auch kritisieren kann, was nicht zuletzt heftig in Israel selbst geschieht (dies erlebten wir insbesondere während und nach dem Krieg gegen die Hisbollah im August 2006 im Land, als die Miluimnik-Reservisten, die sich in den Kämpfen* »*verheizt*« *fühlten, gegen die Regierung massiv protestierten, besonders gegen Olmert, Peretz, und Dan Chaluz). Für die Gutmenschen hier, fernab jeder Gefahr, ist es leicht zu urteilen und ohne sich die Finger schmutzig zu machen, Rezepte für andere zu liefern. Auch deshalb halte ich die so genannte Berliner Erklärung für überaus naiv, einseitig, ja gefährlich, wird sie doch bei den Gegnern Israels, von links bis rechts, von arabisch bis islamistisch, als Alibi herhalten müssen. Abgesehen davon sind etliche Behauptungen schlichtweg falsch, z.B. wird die differenziert zu betrachtende Flüchtlingsfrage pauschal Israel zur Last gelegt und als Vertreibung diffamiert.*

Appeasementhaltung im Nahostkonflikt bedroht heute mehr denn je die Existenz Israels – dafür steht der Name Ahmadinedschad, Syrien und ihre verlängerten Arme Hisbollah, der extreme Flügel der Hamas und die anderen extremistischen Gruppierungen in der Region – und nährt die Illusion dieser militanten Gegner Israels, dass es doch noch gelingen wird, eines Tages den jüdischen Nationalstaat zu vernichten – und damit wird der Konflikt verlängert und die Zahl der Opfer größer.

Helmut S. Bieler, Köln

Rosarote Brille – Unveröffentlichter Diskussionsbeitrag auf den Leserbrief von H. S. Bieler

Sehr geehrter Herr Bieler,
ich bekenne, eine »ideologisch eingefärbte rosarote Brille« getragen zu haben. Etliche Jahrzehnte hat mir diese Brille eine mitunter euphorische, nicht selten bangende, aber immer eine fast kritiklose emotionale Nähe zu Israel vermittelt. Ich habe arabische Terroristen verurteilt und israelische als Staatsmänner geduldet. Ich habe mit Empörung auf arabische Ausrufe reagiert, die Juden aus ihrem Land zu vertreiben und hebräische Graffiti »Tod den Arabern« unberührt zur Kenntnis genommen. Ich habe mit israelischen Freunden getrauert, aber das Leid der Palästinenser nicht gesehen. Ich scheine kein Einzelfall zu sein, Batya Gur schildert die Erfahrung ihrer Generation in ihrem letzten biografischen Werk ähnlich.

Aber es gab auch Warner in Israel. Durch die rosarote Brille hindurch fokussierten sie meinen Blick auch auf eine andere Sichtweise. Martin Buber drängte aus ethischen wie aus politischen Gründen auf eine Verständigung mit den Arabern (und war scharfen Anfeindungen ausgesetzt). Nahum Goldmann, Präsident des Jüdischen Weltkongresses und der Claims Conference (dessen Taktik Israel nahezu die Hälfte seiner Infrastruktur verdankt), konnte 1982 so weit gehen und warnen: »Wenn sich der Staat Israel weiterhin in erster Reihe auf Sicherheit, militärische Macht und Überlegenheit konzentriert…, wird es ihm unmöglich sein, einen wahren Frieden mit der arabischen Welt zu erreichen – der nicht nur formell, sondern vor allem psychologisch sein muss –, und es wird mehr und mehr auf den abschüssigen Weg gestoßen, auf dem es sich befindet und der zum Abgrund führen muss« (DIE ZEIT, »Aus Sorge um Israel«, 11.7.1982).

Auch einige der Unterzeichner dürften diesen Abgrund vor Augen gehabt haben. Unser Appell kann auch als Versuch verstanden werden, diesen abzuwenden. Das Motiv für die »Berliner Erklärung« rührt folglich nicht aus einer »anti-israelischen Haltung«, sondern ist eher durch Sorge, Verbundenheit und vielleicht auch durch Liebe zu Israel bestimmt. Diese verpflichtet nicht zu einer uneingeschränkten Solidarität mit Israel. Solidarität wird zweifelhaft, wenn nicht gefährlich, wenn sie eine offene, ehrliche Kritik untersagt. »Solidarität mit Israel« lautet nicht das höchste Gebot jüdischer Ethik, sondern »Solidarität mit dem Leidenden«. Es waren nicht Israels Politiker, die

im Laufe seiner Geschichte die ethischen Gebote wach hielten oder wieder er-
weckten, sondern seine Propheten. Die prophetische Mahnung, die Sie in Köln
über dem Eingang zur Synagoge finden, sollte über allen Lösungsversuchen
des Konflikts stehen: »*Nicht mit Macht und nicht mit Kraft, sondern mit*
Seinem Geist.« *Es möge derselbe Geist uns – Befürworter wie Gegner der*
Petition – ein faires Gespräch lehren, frei von Hass, Anschuldigung und
Verurteilung, sondern getragen von gegenseitigem Bemühen um Verständnis
und Respekt.

Edith Lutz, Köln

Frieden auf Kosten des Überlebens?
Leserbrief, abgedruckt in Jüdische Zeitung No. 2/2007

Die »*Berliner Erklärung 5767*« *präsentiert bestenfalls ein Märchen(wunsch)bild*
von Recht und Unrecht, beruhend auf vermeintlichen »*historischen Tatsachen*«*,*
schlimmstenfalls ein Rezept für die Zerstörung der jüdischen Heimstätte. Der
Historiker J. Burckhardt warnte schon vor längerer Zeit: »*Seid auf der Hut vor*
,simplificateurs terribles'«*.*

Von einem Grundübel – der Besetzung der Autonomiegebiete der
Palästinenser – zu sprechen, ist eine methodische und sachliche Verirrung. Die
Besetzung ist eines der vielen Folgeübel. Der gegenwärtige missliche Zustand
in der Konfliktgegend – Israel / PA-Gebiete – ist eine Folge der Aggression
arabischer Staaten und Freischärler von 1947-1948. Eine Akzeptanz der UN-
Resolution betreffend der Gründung und Grenzen des Staates Israel hätte auch
zu keiner unfreiwilligen Auswanderung eines beachtlichen Teils der ansäs-
sigen Bevölkerung geführt. Das Ausmaß dieses Phänomens war eine direkte
Konsequenz dieser Aggression.

Bewegende Kräfte in der lokalen arabischen Politik waren um den Mufti
von Jerusalem gruppiert; diese religiöse Persönlichkeit hatte sich tatkräftig mit
NS-Zielsetzung identifiziert. Die berüchtigten »*Protokolle der Weisen zu Zion*«
waren für diese Kräfte eine wichtige Bezugsquelle; sie werden heute noch in
Teilen der arabischen Welt weiter aufgelegt.

Mit wenigen Ausnahmen (Jordanien) werden Palästinenser weiter als po-
litisches Druckmittel in Lagern gehalten. »*Die Erde friedlicher zu machen*« *ist*

gewiss mehr als ein ehrenwerter Wunsch, aber die Einlösung als Folgeergebnis eines Israel/Palästina-Ausgleichs zu sehen, ist doch recht naiv. Sind die sich ausbreitenden Konflikte im Irak, Libanon, Sudan und Nigeria ein Resultat des Israel/Palästina-Konflikts? Mit Bassam Tibi u.a. ist festzuhalten, dass sich in dieser Region und darüber hinaus die Krise des modernen Islams, bedingt durch die Abwesenheit der Erfahrung der Aufklärung, abspielt. Im Gegenüber zur westlichen Gesellschaft wird dieser Mangel dann schmerzlich empfunden und erschwert selbstkritisches und wissenschaftliches Vorgehen. Siehe den schwierigen Lebensweg des ägyptischen Literaturnobelpreisträgers Mahfus und die Analysen des Bassam Tibi zur aggressiven Defensivhaltung einiger arabischer Gesellschaftsgruppen.

Es mutet mehr als sträflich an, wenn angesichts essentieller Bedrohung Israels durch das Mullah-Regime im Iran und seine Verbündeten die deutsche Regierung und die EU aufgefordert werden, diese Bedrohung durch antiisraelische Interventionen zu fördern.

Voraussetzungen für einen tragfähigen Frieden sind ein ausreichendes Minimum an von den Kontrahenten geteilten menschlichen und politischen Wertvorstellungen. Es stellt sich die Frage, ob das gegenwärtig gegeben ist.

Den Verfassern dieser Erklärung können sehr wohl utopische Projektionen, die falsche Prämissen in sich tragen, vorgeworfen werden. Außerdem wird der Anspruch einer moralischen Autorität vermittelt, der eine Unbelangbarkeit reklamiert. Man könnte – schlimmstenfalls! – meinen, dass sie einen Anspruch auf eine besonders friedensstiftende Jüdischkeit auf Kosten des Überlebens einer jüdischen Gemeinschaft anstreben.

Henry Gruen, Köln

Menschen wie wir – Unveröffentlichter Diskussionsbeitrag auf den Leserbrief von H. Gruen

Das Grundübel der Lage Israels – so höre ich immer wieder, und so schreibt auch Herr Henry Gruen in No. 2/07 der Jüdischen Zeitung – sei die grundlose Feindschaft der Araber: Wieso haben die Araber 1948 die Teilung nicht einfach akzeptiert? Wieso haben sie Krieg gegen Israel geführt? Sind sie nicht einfach Antisemiten?

Die Antwort darauf ergibt sich aus einem Ausflug in die Geschichte: Was geschah zwischen Juden und Arabern vor dem Mai 1948?

Der glühende Zionist und Humanist Achad ha'Am besuchte 1891 die ersten Einwanderer. Er schrieb danach: »*Was tun unsere Brüder in Palästina? ... Knechte waren sie in den Ländern der Diaspora, plötzlich finden sie sich in Freiheit wieder, und dieser Wechsel hat bei ihnen eine Neigung zum Despotentum ausgelöst. Sie behandeln die Araber mit Feindschaft und Grausamkeit, berauben sie ihrer Rechte, beleidigen sie grundlos und prahlen obendrein mit ihren Taten; und niemand unter unseren Leuten stellt sich dieser verachtenswerten und gefährlichen Neigung entgegen.*«

1913 verhängte die Vorläufer-Organisation der Histadrut einen Boykott gegen jüdische Betriebe, die arabische Arbeiter beschäftigten. Die ideologische Begründung dafür war, dass Juden sich nun endlich selbst als arbeitendes Volk zeigen müssten. Achad ha'Am sah die massive Diskriminierung, die durch diese Ideologie ein linkes Mäntelchen umgehängt bekam, und schrieb: »*Ganz abgesehen von den politischen Risiken: Ich kann es nicht fassen, dass unsere Brüder moralisch in der Lage sind, sich dermaßen zu Menschen aus einem anderen Volk zu verhalten.*«

Der Prager Philosoph Hugo Bergmann, Mitbegründer der Hebräischen Universität Jerusalem, schrieb 1919 vor seiner Übersiedlung nach Palästina: »*Die Nagelprobe für den wirklich jüdischen Charakter unserer Besiedlung von Palästina wird unser Verhältnis zu den Arabern sein... Was in Palästina vor dem [1. Welt-] Krieg geschehen ist, war fast gänzlich dazu angetan, die Araber zu unseren Feinden zu machen. Eine friedliche Begegnung und Verständigung mit ihnen ist jedoch für uns eine Lebensnotwendigkeit.*«

Die arabische Welt war entsetzt über die Balfour-Deklaration. Araber hatten mit britischer Unterstützung gegen das Osmanische Reich revoltiert, aber die Einrichtung des palästinensischen Mandatsgebiets und die Abgrenzung einer britischen und einer französischen Einflusssphäre machten die arabischen Hoffnungen auf eine staatliche Wiederauferstehung zunichte. Der spätere britische Premierminister MacDonald schrieb 1922, nach seinem Besuch in Palästina: »*Niemand, der ein Organ für die Strömungen im Nahen Osten hat, kann sich mit dem Glauben trösten, dass die Araber vergessen oder vergeben haben oder dass das moralische Übel, das wir begangen haben, in Bälde keine politischen Nachwirkungen mehr haben wird. Wie wir die Moslems behandelt haben, ist ein Wahnsinn.*«

Nur die »revisionistische« Minderheit im Zionistischen Weltkongress vertrat offen das Ziel, in Palästina einen jüdischen Staat zu errichten. Dagegen sagten Chaim Weizman und die Mehrheit der Zionisten, es sei nicht möglich, Palästina in einen jüdischen Staat zu verwandeln, denn »wir können nicht und wollen nicht die Araber vertreiben« (1930 in Berlin). Nach dem üblen Pogrom in Hebron und anderen Auseinandersetzungen sagte er 1931 in Basel: »Heute, wo eine so große Erbitterung herrscht und die Atmosphäre so vergiftet ist, ist es schwer, von den Mitteln zu sprechen, durch die das Ziel einer friedlichen Kooperation mit den Arabern erreicht werden könnte; aber eine Sache scheint mir vollkommen klar zu sein: Die Araber müssen fühlen und müssen überzeugt werden durch Tat und Wort, dass, welches immer das künftige numerische Verhältnis der beiden Völker in Palästina sein mag, wir für unseren Teil keine politische Beherrschung planen«. Und wieder wandte er sich dagegen, das Ziel eines jüdischen Staates festzuschreiben, denn: »Die Welt wird diese Forderung nur in einem Sinne verstehen, nämlich dass wir eine Mehrheit erlangen wollen, um die Araber zu vertreiben ... Wir Zionisten wissen, dass dies nicht unser Ziel ist ... Eine numerische Mehrheit wäre keine genügende Garantie für die Sicherheit unserer Nationalen Heimstätte. Die Sicherheit muss geschaffen werden durch verlässliche politische Garantien und durch freundschaftliche Beziehungen zu der nicht-jüdischen Welt, die uns in Palästina umgibt.«

Es lief anders. Die jüdischen Einwanderer, im Gefühl, nirgends mehr eine Heimat zu haben, setzten auf Gewalt. Bekannt ist das Massaker im Jerusalemer Vorstädtchen Deir Jassin unter Begins Leitung im April 1948. Eine Gruppe Araber metzelte ihrerseits wenig später einen jüdischen Sanitätskonvoi nieder. Aber Deir Jassin und ähnliche andere Ereignisse zuvor hatten ihre Wirkung getan: Zu Zehntausenden flüchteten die arabischen Bewohner Palästinas aus ihrem Land, anders als es Weizman gesagt und wohl auch ehrlich gewollt hatte.

Und nun sind wir im Mai 1948. Die Araber akzeptieren nicht den Teilungsplan. Warum wohl nicht? Möglicherweise war es nicht klug. Aber es war verständlich.

Es folgte die zweite, noch größere Welle arabischer Flüchtlinge aus Palästina.

Die Zionisten, und auch die Revisionisten, hatten ehrenwerte Motive. Sie wollten endlich frei sein, sie wollten sich als Juden von niemandem mehr herumkommandieren lassen. Das ging aber auf Kosten der arabischen Bewohner Palästinas. Diesen geschah schweres Unrecht. Das sollten wir anerkennen, denn nur so können wir die Existenz des Staates Israel auf Dauer sichern, so wie es Weizman gesagt hat. Selbstverständlich sind auch Araber keine Engel. Sie sind aber auch keine Teufel. Sie sind Menschen wie wir.

Rolf Verleger, Lübeck

KAPITEL 14

Gefangen in der Zeitschleife

Hier nun eine wirkliche, längere Diskussion, die sich per e-mail genau so zugetragen hat. Ich dokumentiere diese Diskussion, weil daraus klar wird, wie viel Hass sich aufgestaut hat und eine vernünftige Lösung verhindert.

22. Mai 2007
Ich bin z.Z. in Israel. Bitte schicken Sie mir Kontaktdetails Ihrer israelischen Parallelorganisation.
Mit freundlichen Grüßen
D. Grün[52]

22. Mai 2007
Sehr geehrte(r) D. Grün, Schalom 5767 ist ja keine Organisation, sondern ein loser Zusammenschluss. Also haben wir in strengem Sinne keine Partnerorganisation. Aber Uri Avnerys gush schalom ist natürlich eine gute Sache: http://www.gush-shalom.org, dort sieht an als Kontakt info@gush-shalom.org und Tel. 03-5221732.
Beste Grüße,
Rolf Verleger

23. Mai 2007
Sehr geehrter Herr Verleger,
danke für Ihre prompte Antwort.

---

52   Name geändert, da ich nicht um Erlaubnis zur Veröffentlichung gebeten habe

Laut Ihrer Online-Petition »Schalom 5767« (Berliner Erklärung) ist die »Genfer Vereinbarung« für Sie wegweisend, das passt doch eher zu Meretz / Jossi Beilin, oder?
Mit freundlichen Grüßen
D. Grün

23. Mai 2007
Ich habe Jossi Beilin bisher leider nicht persönlich kennengelernt, daher ist er mir mit seinen Ansichten nicht so präsent. Aber ich wüsste in der Tat nicht, warum es nicht »passen« sollte.

Ich finde auch Ilan Pappe einen wichtigen Vertreter der Moral und Wahrhaftigkeit, auch wenn seine politische Linie vielleicht nicht so passt.

Ich glaube eigentlich, auf all das kommt es nur in zweiter Linie an. Worauf es mir ankommt ist, das Judentum aus der Geiselnahme durch die völkischen Nationalisten zu befreien und unsere Tradition als eine Religion der Befreiung zur moralischen Erneuerung wieder ans Tageslicht zu bringen.

In diesem Sinne: Chag Ssameach![53]
Rolf Verleger

23. Mai 2007
Laut Ihrer Online-Petition »Schalom 5767« (Berliner Erklärung) ist die »Genfer Vereinbarung/Initiative« für Sie wegweisend. Diese enthält viele sinnvolle Vorschläge für die Beziehungen zwischen Israel und einem noch zu gründenden Palästinenserstaat. Heute befürworten im übrigen fast alle israelischen Parteien die Gründung eines Palästinenserstaates, so z.B. (von rechts nach links) Israel Beiteinu, Likud, Rentnerpartei, Kadima, Arbeiterpartei, Meretz etc.

Da es Ihnen jedoch in erster Linie darauf ankommt, »das Judentum aus der Geiselnahme durch die völkischen Nationalisten zu befreien und unsere Tradition als eine Religion der Befreiung zur moralischen Erneuerung wieder

---

53   »Frohes Fest!« – Dies war der Vorabend des »Wochenfests«, zur Erinnerung an die Übergabe der Tora Gottes an Moses, sieben Wochen nach der Befreiung, dem Auszug aus Ägypten

ans Tageslicht zu bringen«, wüsste ich gerne, was Sie damit meinen und wie
Sie dies ggf. durchführen möchten.
Mit freundlichen Grüßen
D. Grün

24. Mai 2007
Es sollte schon ein lebensfähiger Staat sein (grobe Details s. »Schalom
5767«), der den Palästinensern ihre Würde zurückgibt. Sonst wird dieses Problem weiter brennen. Da das Problem mit Bantustans nicht gelöst wird, sondern nur mit einem lebensfähigen Staat, müssen sich die
Siedler in den besetzten Gebieten loyal zu ihrem palästinensischen
Staat bekennen oder aus ihren illegalen Siedlungen (alle Siedlungen
in besetztem Gebiet sind illegal) wegziehen. Das ist sicher nicht die
Meinung in den genannten Parteien, zumindest nicht in allen.

» … wüsste ich gerne, was Sie damit meinen und wie Sie dies ggf.
durchführen möchten.«

Gute Frage. Ansätze zu einer Antwort stehen in meinem beilie-
genden Artikel (erschien diesen Monat in den »Blättern für deutsche
und internationale Politik«). Mehr dazu in meinen Vorträgen.
Freundliche Grüße,
Rolf Verleger

5. Juni 2007
Wie vereinbaren Sie Ihre jüdische Befreiungsreligion mit Ihrer Unterstützung
des antisemitischen und frauenfeindlichen Terrorregimes der Hamas? Anbei
die satzungsmäßigen Judenmordpläne inkl. Naziterminologie der Hamas
(Freimaurer, Rotaries etc. als Teil der jüdischen Weltverschwörung). Damit
fallen Sie auch den demokratischen und friedlichen Palästinensern in den
Rücken.
(Dieser e-mail lagen lange Zitate aus Erklärungen der Hamas bei.)

6. Juni 2007
Sehr geehrte(r) D. Grün,
die Hamas-Charta ist einfach grauenvoll. Ich habe es bisher nicht
über mich bringen können, diesen Schwachsinn von vorne bis hinten
durchzulesen. Der Hass gegen Juden ist offensichtlich.

Auf der anderen Seite schreibt der ehemalige sefardische Oberrabbiner Israels, wenn der Kassam-Beschuss nicht aufhöre, dann dürfe und müsse man eben 10, 100, 1000, 10.000, … Einwohner Gasas umbringen.

Diese Spirale des Hasses muss durchbrochen werden.

Aus folgenden Gründen halte ich die Forderung nach einer Aufhebung des Boykotts gegen die Hamas-Regierung für unabding- bar:

1) Seit Rabins Ermordung lamentieren die israelischen Regierungen, dass sie keinen Partner für Verhandlungen bei den Palästinensern haben, und demontieren alle potentiellen Verhandlungspartner. Arafat wurde gemobbt. Der erste palästinensische Präsident – Namen habe ich leider vergessen – schmiss entnervt die Brocken hin. Abbas konnte keinen Stich machen, verlor die Wahl wegen völliger Erfolglosigkeit aufgrund der israelischen Haltung. Und nun eben Hamas.

   Das Muster ist immer das Gleiche: Nie sei da einer, mit dem man verhandeln könne. Die Forderung nach sofortiger Aufhebung des Boykotts setzt dagegen: Verhandelt werden muss selbstverständ- lich mit derjenigen Vertretung der Palästinenser, die sie repräsen- tiert. Hic Rhodos, hic salta.

2) Der internationale Boykott bietet der israelischen Regierung das Rechtfertigungsmäntelchen, der palästinensischen Autonomiebe- hörde die ihr zustehenden Steuerzahlungen zu verweigern, die Stadt Gasa zu beschießen, ihre Wasserversorgung zu minimieren, ihr Elektrizitätswerk zu bombardieren, die Hälfte der Regierung zu inhaftieren, die Bewegungsfreiheit in Gasa und auf der Westbank zu minimieren. Die Forderung nach sofortiger Aufhebung des Boykotts stellt klar, dass dies fortwährendes Unrecht ist.

3) Die Boykottforderung unterstellt, es müsste die palästinensische Seite eine Vorleistung erbringen, damit die israelische Seite sich zu Verhandlungen herbeilässt. Die Forderung nach Aufhebung des Boykotts stellt klar, dass diese Asymmetrie nicht gegeben ist.

Sie sagen, als Jude könne ich nicht den Judenhass der Hamas überge- hen. Doch dagegen steht, ob ich als stolzer Jude die Schändung des jüdischen Selbstbildes durch die Schamlosigkeiten der israelischen

Politik übergehen kann. Ich kann es nicht mehr und ich will es nicht mehr.

Natürlich hassen die Palästinenser die Juden. Was sollen sie denn sonst machen?

Die israelische Regierung stachelt diesen Hass stets aufs Neue an und fordert gleichzeitig sein Ende. Das ist ein übles Spiel. Es ist an uns, diesen Hass durch Glaubwürdigkeit und Konsequenz abzubauen.

Mit freundlichen Grüßen,

R. Verleger

7. Juni 2007

Die – von Ihnen unterstützte – Hamas bildet die heute der Nazi-Ideologie am nächsten stehende Regierung. Warum tun Sie nicht das Selbstverständlichste (die Primärquellen prüfen), z.B. die antisemitisch-eliminatorische und islamistische Hamas-Satzung vollständig lesen? Oder sich gar mit dem geistigen Vater der Hamas (der von Nazideutschland finanzierte Hitleralliierter, Holocaustverbrecher, Gründer des Islamischen Weltkongresses, Muslimbruder und Palästinenserführer Großmufti von Jerusalem Hadj Amin Al Husseini) auseinandersetzen? Oder in der Hamas-Satzung lesen, dass sie ein Flügel der 1928 gegründeten und später von den Nazis finanzierten Muslimbruderschaft ist, die Jüdische Weltverschwörung das Böse in der Welt verursacht, angefangen mit der Französischen Revolution, den Weltkriegen, Kommunismus, Kapitalismus etc. Alle diese Ereignisse waren lange vor der israelischen Besetzung der West Bank (nach der Aggression Jordaniens in 1967) und sogar bevor die Palästinenser den UNO-Beschluss von 1947 zur Gründung eines Palästinenserstaates abgelehnt haben.

Hamas definiert sich nämlich mit universellem Anspruch (»the Movement is a universal one«) und mit göttlichem Auftrag u.a. zur Tötung der Juden.

Im Vergleich zu alledem, welche Relevanz hat der angebliche Rat eines der vielen EHEMALIGEN Oberrabbiner, ca. 80 Jahre alt, wie man auf Hamas-Angriffe REAGIEREN sollte. Vorausgesetzt seine Aussage wurde richtig und vollständig zitiert, GIBT ES NICHT ÜBERALL JEDE MENGE MASSLOSE SCHWÄTZER, AUCH JÜNGERE UND GERADE AUCH IN LÜBECK?

22 korrupte arabische Diktaturen unterdrücken hunderte Millionen Araber, das dürfte z.Z. die schrecklichste Region auf der Welt sein: Frauen werden in al-

len arabischen Ländern unterdrückt und zwangsverheiratet und fast alle ägyptischen Mädchen sind genitalverstümmelt. Kurden, Iraner und Jemeniten wurden vergast, Millionen Sudanesen getötet und vertrieben, Schwule werden gejagt und eingekerkert, Andersgläubige verfolgt, auf Übertritt zum Christentum steht die Todesstrafe, Liebespaare werden zu Tode gesteinigt, Kinder verhetzt und als Kanonenfutter missbraucht, Menschenrechtler eingekerkert oder ermordet, Sklaverei im Sudan und Mauretanien, Arafat und andere Diktatoren stahlen von ihren Völkern Milliarden, weltweit keine Flughäfen ohne aufwendigste Sicherheitsmaßnahmen. Krieg zwischen Schiiten und Sunnis im Irak, Libanesen und Palästinenser im Libanon, moslemische Araber und moslemische Nicht-Araber im Sudan. Marokkanische Araber und Araber in der besetzten West-Sahara, Iraner terrorisieren die Ahwasi Araber in der West Ost Bank des Shatt al-Arab (die Liste lässt sich erweitern). Interessiert Sie das überhaupt?

Ihre Behauptung, »Das Muster [der israelischen Regierungen nach Rabin/1995] ist immer das Gleiche: Nie sei da einer, mit dem man verhandeln könne.«, beweist nur wie uninformiert Sie sind. Israel hat mit den Palästinensern nach 1995 folgende Verträge abgeschlossen:
(folgt längere Liste, R.V.)

Nach weiteren Verhandlungen, haben die Palästinenser in 2000/2001 die Barak- und Clinton-Vorschläge zur Gründung eines Palästinenserstaates auf 95% der West Bank mit Landtausch für die restlichen 5% und 100% des Gaza-Streifens abgelehnt, einen jahrelangen Terrorkrieg gegen Israel entfesselt, der neben den zahlreichen Opfern ihre Wirtschaft völlig zerstört und zur teilweisen Wiederbesetzung und ziemlich erfolgreichen Befriedung der West Bank geführt hat. Im Jahre 2005 hat Israel den Gaza-Streifen vollständig geräumt, die Palästinenser beschießen nunmehr fast täglich israelische Städte und Dörfer. Wahrscheinlich deswegen:
(folgt längeres Zitat von Arafat, R.V.)

Wären Sie wirklich ein Freund der Palästinenser, und nicht ein ganz simpler Israelhasser, würden Sie nicht die terroristische Hamas und ihre Nazi-Ideologie unterstützen, sondern palästinensische Dissidenten, Frauen, Schwule und anderweitig Verfolgte, und die einzige Demokratie im Nahen Osten – Israel.

Im übrigen, durch die Unterstützung der Hamas tragen Sie nur zu weiterer Gewalt bei. Die Hamas wird ihrem Wesen entsprechend die EU-Subventionen wie bisher zur Terrorfinanzierung verwenden. Und wenn der gewaltfreie Boykott nicht hilft, wird Israel die Angriffe der Hamas mit militärischen Mitteln abzuwehren müssen.

Und zu Ihrer Frage »Natürlich hassen die Palästinenser die Juden. Was sollen sie denn sonst machen?«: Zuerst sollten sie von Ihren holocaustüberlebenden Eltern lernen, die ihren kleinen Rolf nicht erzogen zum Selbstmordattentäter in einem deutschen Cafe, bei Aldi oder im Lufthansa-Jet, sondern zum Frieden, Büffeln und Existenzaufbau. Durch die Vermittlung dieser Ihrer Erfahrung könnten Sie sich zum Palästinenserfreund wandeln ...

(folgen sehr viele Quellen, um die in der e-mail gemachten Aussagen zu belegen, R.V.)

16. Juni 2007

Auf meine E-Mail vom 7. Juni 2007 haben Sie bisher nicht geantwortet. Inzwischen hat die von Ihnen unterstützte Hamas geputscht und ist damit der erste alleinherrschende Flügel der Moslem-Brüder. Was werden Sie tun?

(folgen einige Meldungen von den Kämpfen in Gasa, R.V.)

16. Juni 2007

Sehr geehrte(r) Herr/Frau D. Grün,

auf Ihre e-mail gab es nichts Neues zu antworten, ich hätte Ihnen meine vorige e-mail nochmals kopieren können. Das gilt immer noch.

Die neuste Entwicklung ist, wie Uri Avnery zutreffend bemerkt, ein Ergebnis des Experiments, über 1 Mio. Menschen in ein Freiluftgefängnis zu sperren und ihnen dann auch noch eine Menge Waffen zukommen zu lassen. Rationale Politik sieht anders aus.

Mit freundlichen Grüßen,

Rolf Verleger

17. Juni 2007

Eine notwendige Bedingung für rationale Politik ist ihre Begründung. Eine Meinung oder der Bezug auf eine Meinung von Uri Avnery ist schon daher keine Begründung.

Im übrigen gehört Uri Avnery zu einer winzigen Minderheit am äußersten Rand selbst des LINKEN politischen Spektrums, noch heute ein Papagei des korrupten Diktators Arafat and Co., der vom palästinensischen Volk Milliarden gestohlen und palästinensische Frauen und Kinder als Selbstmordattentäter in den Tod geschickt hat (nicht seine eigene Frau und Kind, sie haben im Luxusleben von Paris gewohnt …). Ich sage das mit Bedauern, weil der Mensch Avnery mir persönlich nicht unsympathisch ist.

Was auch immer die Vorgeschichte ist, auch die Palästinenser haben täglich die Wahl z.b. zwischen Gut und Böse, Wertschöpfung und Wertvernichtung etc. Wer seine Kinder zur Zerstörung seines Hauptabsatzmarktes erzieht und dorthin Terrorismus exportiert, kann bestimmt nicht Frieden und Wohlstand haben. Auch dann nicht, wenn die westlichen Geberländer wie bisher Milliarden spenden. Ein erheblicher Teil der Menschheit lebt unter schlechteren Bedingungen als in Gaza, und wählt nicht den Terrorismus. Die Generation unserer Eltern hat die Naziverfolgung überlebt, Gaza ist in jeder Beziehung ein Paradies im Vergleich dazu. Immerhin gibt es in Gaza Multimillionäre, Universitäten, exklusive Villenviertel, Reisebüros, Hotels, Restaurants und nicht zuletzt ein überaus reiches Waffenangebot sowie Reiseverkehr mit Ägypten. Haben Sie schon von Juden gehört, die sich und die Menschen in einem deutschen Cafe, bei Aldi oder im Lufthansa-Jet getötet haben? Bestimmt nicht, weil die Juden den Frieden und das Werteschaffen als Lebensweg gewählt haben.

Die Hamas-Gazaregierung und ihre Naziideologie zu unterstützen, wie Sie es tun, kann keine rationale Politik zur Förderung von Frieden und Wohlstand der Palästinenser sein. Die Palästinenserregierung mit Sitz in der West Bank spricht der Hamas-Gazaregierung jede Legitimität ab und alle Milizen der Hamas wurden vom palästinensischen Präsidenten ab sofort verboten.

Bitte lassen Sie mich wissen, ob Sie nunmehr bereit sind, die Palästinenser durch Aufruf zum Boykott der Hamas-Gazaregierung zu unterstützen.

18. Juni 2007

Sehr geehrte(r) D. Grün,

Sie fragen: »Haben Sie schon von Juden gehört, die sich und die Menschen in einem deutschen Cafe, bei Aldi oder im Lufthansa-Jet getötet haben? Bestimmt nicht, weil die Juden den Frieden und das Werteschaffen als Lebensweg gewählt haben.«

Nun, das ist genau das Entsetzliche: Ich habe durchaus von Juden gehört, die Araber im Café oder zu Hause oder auf dem Marktplatz töten. Das passiert die ganze Zeit, nennt sich »gezielte Tötungen« und produziert nebenbei den leider »unvermeidlichen Kollateralschaden«. Der einzige Unterschied dieser moralisch verwerflichen und für einen Frieden kontraproduktiven Taten zu den von Ihnen angesprochenen Taten, die ebenso verwerflich und für einen Frieden kontraproduktiv sind, ist, dass die Töter im einen Fall leben bleiben, im anderen nicht.

»Wir« haben sogar auch einen von zahlreichen Anhängern verehrten Selbstmordattentäter, namens Baruch Goldstein. Ein Name, bei dessen Erwähnung mir schon übel wird.

Ihre Schreiben wundern mich. Sie haben offenbar ein erhebliches Interesse daran, mich zu überzeugen. Obwohl Sie mich doch offenbar für einen kompletten Idioten halten. Daher habe ich natürlich manchmal überhaupt keine Lust, Ihnen zu antworten. Ich würde auch gerne wenigstens irgendetwas über meinen Gesprächspartner wissen. Bis heute weiß ich nicht, ob Sie Dorothee, Dror, Daniel, Dina oder Dieter heißen.

Mit freundlichen Grüßen,

Rolf Verleger

19. Juni 2007

Für was ich Sie nach Ihrer Vermutung halte, werde ich Ihnen vielleicht sagen können, nachdem Sie den jüdischen Professor Kohn[54] anhand seiner politischen Aktivitäten beurteilen. Im Februar 1933 gründete Kohn den Verein »Der deutsche Vortrupp«, welcher dem Nationalsozialismus positiv gegenüberstand. Kohn in der Zeitschrift Der Vortrupp: »Der Nationalsozialismus rettet Deutschland vor dem Untergang; Deutschland erlebt heute seine völkische Erneuerung.« Die Exilzeitung Pariser Tageblatt vom 29. Juni 1936 bezeichnete Kohn als »hitlertreu«. Sein Vater starb im Ghetto Theresienstadt, seine Mutter wurde in Auschwitz ermordet. Im schwedischen Exil, ab 1938, war Kohn immer noch »antidemokratisch« und »deutsch-national«. In der Bundesrepublik war Kohn Ehrenmitglied des reaktionären Vereins Tradition und Leben.

---

54 Name von mir geändert, da ich hier diese Behauptungen nicht überprüfen konnte und ihr Wahrheitsgehalt auch für diese Diskussion unerheblich ist. R.V.

Sie erscheinen mir bestens für die Beurteilung eines solchen Menschen und seiner politischen Aktivitäten qualifiziert. War Professor Dr. Kohn ein kompletter Idiot, Schwein, Narr, Verlierer, Wahnsinniger, Verräter, Judenhasser, Provokateur, Opportunist, obsessiver Rechthaber usw.?

Hat der Nationalsozialismus wenigstens Deutschland und/oder den Volksgenossen tatsächlich genützt, wie von Professor Dr. Kohn festgestellt, oder waren schon nach kurzer Zeit viele Millionen Volksgenossen tot, noch mehr Invaliden, noch mehr Millionen vertrieben, das Volksvermögen zum großen Teil zerstört, Millionen obdachlos, 25% des Staatsgebiets für immer verloren und der Rest jahrelang unter fremder (inkl. stalinistischer) Besatzung (und amerikanischen Atombomben knapp entgangen)?

Ihrer Beurteilung von Kohn sehe ich mit größtem Interesse entgegen.

Ihre Antwort ob Sie nunmehr bereit sind, die Palästinenser zu unterstützen durch Aufruf zum Boykott der Hamas-Gazaregierung/ihrer Naziideologie/ Hasskultur (s. auch Dr. Abd Al-Hamid Al-Ansari, ex-Dekan der Shari'a Fakultät der Qatar University, »The Root Cause of Terrorism is The Culture of Hate«), habe ich bisher nicht erhalten. Die Antwort kann doch nicht so schwer sein, oder?

P.S. Mein Vorname ist Daniel Grün und ich lebe in Jerusalem.

20. Juni 2007

Sehr geehrter Herr Grün,

ich beginne zu begreifen, was Sie so erzürnt und warum Sie so beharrlich über aktuelles Unrecht im Namen des Judentums hinwegsehen.

Ihre Erwähnung des Herrn Kohn im Vergleich mit mir könnte mehrere Dinge bedeuten.

1) So wie Kohn sich (laut Wikipedia) den Nazis angedient hat, so würde ich mich laut Ihnen den heutigen Nazis und Antisemiten andienen.

2) So wie Kohn sich (laut Wikipedia) den Nazis angedient hat, so würde ich mich laut Ihnen der Hamas andienen.

Über allem Ihre Frage an mich: War Kohn ein schlechter Mensch?

Nun – wenn das stimmt, was bei Wikipedia steht, dann war Herr Kohn schon ein herausragendes Exemplar. Jedoch sagte er nur sehr prononciert, was viele dachten. Auch meine Großeltern und Urgroßeltern mütterlicherseits, Lederhändler in Berlin, waren gegen die Linken und daher erstmal abwartend-neutral gegenüber den Nazis. Staatstragend war das offizielle Judentum bis in die Knochen. Und kaum einer nahm die Nazis in ihrer Brutalität zuerst ernst.

Manche waren hellsichtig und ungebunden genug, frühzeitig zu emigrieren, Otto Frank zum Beispiel, leider nicht weit genug für seine Tochter Anne. Andere, zu wenige, kamen weit genug: in die Sowjetunion, die USA, nach Bulgarien, Marokko, Türkei, Schanghai, Palästina, Brasilien, Argentinien, Chile, Südafrika, Belgisch Kongo etc.

Das Tadelnswerte an Kohn ist nicht, dass er 1933 nicht voraussah, dass Hitler die Juden ermorden würde: Wer sind wir, uns darüber zu erheben? Wir hätten es auch nicht gewusst. Wenn die Wikipedia-Informationen stimmen, ist das Tadelnswerte an ihm seine deutsch-nationale Gesinnung und sein streberhaftes Anpassertum an – das konnte man 1933 durchaus sehen – unanständige Leute, mit der Gemeinsamkeit Ausländerhass und Nationalismus.

Parallelen zu heute:

Eine unmittelbare Parallele zu Kohn sehe ich im Verhalten vieler Antwerpener Juden, die den Vlaamse Belang wählen. Diese rechtsradikale Gruppierung fordert bekanntlich, dass die Ausländer, = Dunkelhäutige und Moslems, verschwinden sollen. Es ist mir unbegreiflich, wie man als Jude – Angehöriger der Minderheit par excellence – sich mit so etwas gemein machen kann.

Ich bin mir nicht sicher, ob Sie mich in die Nähe von Nazi-Gedankengut rücken wollen. Das wäre absurd. Ich bin mit der Auschwitznummer am Arm meines Vaters aufgewachsen. Ich hatte keine Großeltern, ebenso sind die Frau und drei Söhne meines Vaters ermordet worden, sechs seiner sieben Geschwister, die Cousins zähle ich jetzt nicht auf. Meine Frau und ich haben meine Mutter vor wenigen Jahren nach Estland begleitet, wo wir am Massengrab standen, in dem meine Großmutter liegt. Jetzt hat sie einen Platz in unserem Gedenken, 42 Jahre war sie alt.

Ich selbst habe hier in Lübeck in der Synagoge mehrere Gedenkveranstaltungen zum 9. November gemacht, mit bewegenden Auftritten von Überlebenden der Nazi-Morde (unter anderem mit meiner Mutter), ich habe vor einiger Zeit (1983-84) mit persönlichem Risiko (nächtliche Anrufe etc.) einen Prozess gegen einen Ludwigshafener Neonazi erfolgreich durch zwei Instanzen geführt, und selbstverständlich war ich dabei, als in Lübeck nach den Brandanschlägen auf die Synagoge (1994-95) vom Bürgermeister der Runde Tisch eingerichtet wurde.

Zu Zeiten dieses Runden Tisches war es offensichtlich, worum es geht: Gegen Judenhass und Fremdenhass, damit Deutschland ein Land bleibt, in dem sich Minderheiten wohlfühlen können.

Bleibt Ihr Hauptargument: Ich würde mich den heutigen Judenhassern andienen, = der Hamas. Ja nun, was für ein Blödsinn. Ich habe alles, was man dazu sagen kann, bereits gesagt. Sie benehmen sich wie ein unverbesserlicher Ian Paisley. Aber selbst der ist mit 80 Jahren noch klug geworden. Haben Sie irgendeine Idee, wie Israel in 20 Jahren noch existieren kann, umgeben von einem Meer von Feinden?

Ich habe diese Idee, und andere auch: Indem Israel seine Feinde zu Partnern macht. Leider sind im Moment Israel, USA und EU dabei – offensichtlich mit Ihrem Beifall –, eine Million el-Qaida-Anhänger zu züchten. Schwachsinn hoch drei, wie kann man nur so kurzsichtig sein.

Wie eingangs gesagt, ich beginne zu begreifen, was Sie so erzürnt und warum Sie so beharrlich über aktuelles Unrecht im Namen des Judentums hinwegsehen: Sie tun das möglicherweise, weil Sie denken, wir könnten klüger sein als Kohn und wir hätten heute die Chance, diese Scharte auszuwetzen: »Diesmal wird uns das nicht mehr passieren, und dann haben wir es Hitler doch noch heimgezahlt.«

Falsch. Unsere Verwandten sind tot. Nichts wird sie wieder lebendig machen.

Und die Nazis sind tot. Da ist niemand mehr, an dem wir uns rächen können. Da ist niemand mehr, an dem wir uns rächen können. Da ist niemand mehr, an dem wir uns rächen können. Das heißt, wir sind ganz allein für unser heutiges Unrecht verantwortlich.

So und jetzt können Sie mir ja vielleicht sagen, wofür Sie mich halten.

Mit freundlichen Grüßen,

Rolf Verleger

20. Juni 2007

Sehr geehrter Herr Professor Dr. Rolf Verleger,

Ihre Taten und Unterlassungen sagen mehr als tausend Worte:

1. *Durch die Unterstützung der Hamas haben Sie sich mehr als in die Nähe von Nazi-Gedankengut gestellt. Wer dazu aufruft, der Hamas zu erheblichen Finanzmittel zu verhelfen, ist Mordkomplize. Das Blut der Hamas-Opfer klebt deshalb schon jetzt an Ihren Händen.*

2. *Meine zweimalige Bitte, die Palästinenser zu unterstützen durch Aufruf zum Boykott der Hamas-Gazaregierung/ihrer Naziideologie/Hasskultur, haben Sie ignoriert.*

3. *Bei alledem kann es auch nicht überraschen, dass das Leib- und Magenblatt der Nazis, Deutsche Soldaten- und Nationalzeitung, Ihre Anklage gegen Israel, der einzigen Demokratie in Nahost, veröffentlichte.*

Hamas muss man also mit Geld versorgen – »Israels Gewaltpolitik« verurteilen! – Professor Dr. Kohn, Professor Dr. Rolf Verleger, übertreiben Sie nicht ein bisschen?

Mit freundlichen Grüßen

D. Grün

Nicht mehr von mir beantwortet,

R.V.

KAPITEL 15

Ist Frieden möglich?

Im Rundbrief des Denkendorfer Kreises für christlich-jüdische Begegnung e.V. vom Februar 2007 schrieb der Vorsitzende des Kreises, der Theologe Dr. Hartmut Metzger, eine Kritik der Berliner Erklärung von Schalom 5767.

»Wie kann es Frieden geben für Israel und Palästina?« Das Friedensrezept der »Berliner Erklärung« stimmt schon im Ansatz nicht.

Am 18. Dezember 2006 erschien in der Süddeutschen Zeitung eine ganzseitige Anzeige, in der wieder einmal eine Patentlösung des arabisch-israelischen Konflikts vorgeschlagen wurde. Neu und auffällig daran war – und sollte es wohl auch sein –, dass »Jüdinnen und Juden aus Deutschland als Erstunterzeichnende« die Erklärung auf den Weg gebracht hatten. Gedacht war diese »Berliner Erklärung« – welch zurückhaltender Titel! – vielleicht als Neujahrspräsent, das sie mit »Schalom 5767« etwas missverständlich anzeigten: Das jüdische Jahr 5767 hatte bereits am 23. September 2006 unserer Zeitrechnung begonnen. (Aber das macht ja nichts; die meisten Leser werden ohnehin gerätselt haben, was diese merkwürdige Zahl wohl bedeutete. Und »Schalom« konnte auf keinen Fall verkehrt sein.) ...

Nach drei einleitenden Sätzen kommen die Verfasser der »Berliner Erklärung« sofort zum Punkt – und darüber bin ich gleich zornig geworden. Als Fundament für ihre Friedensvorschläge dient ihnen anscheinend der Satz:

»Das Grundübel ist die seit 1967 andauernde israelische Besetzung palästinensischen Gebiets. Die Besetzung bedeutet Entwürdigung und Entrechtung der Palästinenser.«

Um gleich zu widersprechen: Wer so das Problem beschreibt, der hat meines Erachtens nichts zu sagen, denn er kennt die Geschichte und damit die wahren Verhältnisse nicht. Oder, was noch schlimmer wäre, er verschweigt sie wider besseres Wissen.

Ich beschäftige mich deshalb nur mit diesem so genannten »Grundübel«, das an der ganzen Misere schuld sein soll.

Und ich stelle meinerseits an den Anfang, dass es ein »Grundübel« aller Lösungsvorschläge ist, wenn diese willkürlich festsetzen, ab welchem Zeitpunkt sie den Konflikt beschreiben wollen, und die andererseits großzügig unterschlagen, wie die arabisch-palästinensische Seite agiert oder reagiert hat. Das will ich nun beim o. g. »Grundübel« ergänzen.

... (Es folgt eine ausführliche Zeittafel der Ereignisse von Mai 1967, einen Monat vor dem 6-Tage-Krieg, bis September 1967, R.V.)

Man muss diese beklemmenden Vorkriegsmonate mit ihren Ängsten und Schrecken nicht selbst miterlebt haben, sondern kann schon aus diesem Kalendarium ablesen, worum es den arabischen Nachbarstaaten ging: Sie wollten Israel strangulieren, mit der Absicht, es »auszulöschen«, wie der ägyptische Präsident Nasser ihre Zielsetzung öffentlich verkündete.[55]

An ihrem unnachgiebigen Nein von Khartum hielten die arabischen Staaten viele Jahre fest. Israel war für sie ein Negativum, ein Nichts, das keine Existenzberechtigung hatte, und darum nur mit Hass und Lügen und auch immer wieder mit militärischen und terroristischen Aktionen attackiert wurde. Und ist es heute viel anders?

Aber dies alles kümmert die Verfasser der »Berliner Erklärung« nicht. Sie »wissen«, wo das »Grundübel« lag und liegt. Wozu sich da überflüssige Fragen stellen; etwa: Wie kam es zur »Besetzung«? Warum haben sich die Israelis damals gewehrt? Warum wehren sie sich heute noch?

...

---

55 Die Geschichte des 6-Tage-Krieges wurde vom israelischen Historiker Tom Segev (2007) einer gründlichen Untersuchung unterzogen. Die von Dr. Metzger gegebene Darstellung deckt sich damit nicht.

25. März 2007
Leserbrief zum Artikel »Das Friedensrezept der ‚Berliner Erklärung' stimmt
schon im Ansatz nicht« (Rundbrief des Denkendorfer Kreises vom 5. Februar
2007)

Sehr geehrter Herr Dr. Metzger,
ich bedanke mich für Ihren engagierten Diskussionsbeitrag.

   Über Ihre Überlegung, ob es sich bei den Verfassern der
Berliner Erklärung wohl nur um Am ha'Arazim[56] *hande-*
le, die glauben, Rosch haSchana sei an Sylvester, war ich amüsiert.
Auch wenn unsere Erklärung erst im November herauskam, heißt sie Schalom
5767, weil der entscheidende Anstoß auf einem Treffen in Berlin gegeben
wurde, das kurz nach Rosch haSchana 5767 stattfand, in den asseret J'mej
Schuwa[57]*, passenderweise, denn um Schuwa geht es. Dass der Staat Israel*
weiterhin im Buch des Lebens bleiben möge und vor allem dass das Judentum
eine Religion der Gerechtigkeit und Nächstenliebe bleibe – oder leider muss
man sagen: wieder werden möge. Denn das Judentum, meine Heimat, ist in
die Hände von Leuten gefallen, für die Volk und Nation die höchsten Werte
sind anstatt Gerechtigkeit und Nächstenliebe.

   Darum ist das Grundübel die 40-jährige Besatzung, denn die
Unterdrückung, Diskriminierung und Schikanierung der besetzten Bevölkerung
hat dazu geführt, dass vielen Juden die Unterdrückung, Diskriminierung und
Schikanierung anderer Menschen zu einer Selbstverständlichkeit geworden ist.
Das ist eine Schande für das Judentum.

   Das Gegenargument in Ihrem Beitrag ist: Die Besetzung ist eine Folge des
Sechstagekrieges, und dieser ist wiederum eine Folge der arabischen Bedrohung
Israels.

   Dieses Argument ist richtig. Es ist aber auch unvollständig. Denn auch
der arabische Zorn auf Israel ist die Folge vorhergehender Ereignisse. Erstens
ist dieser Zorn eine Folge der Vertreibung der palästinensischen Bevölkerung
1948, zweitens eine Folge der Zerstörung der Pläne für eine einheitliche ara-
bische Nation durch die territorialen Aufteilungen um 1920; auf Letzteres gehe

---

56   »Volk vom Land«, unwissende Tölpel

57   Zehn Tage der Umkehr, zwischen Rosch haSchana, dem Neujahrsfest, und
     Jom Kippur, dem Sühnetag.

ich hier nicht näher ein. Die Vertreibung 1948 jedenfalls ist wiederum ers-
tens eine Folge der Einwanderung der displaced persons. Diese Einwanderung
wiederum ist eine Folge der Vernichtung des europäischen Judentums und der
Stalinisierung der Heimat der Überlebenden. Die Vertreibung 1948 ist zwei-
tens eine Folge der gesamten vorhergehenden zionistischen Einwanderung seit
1890, diese wiederum ist eine Folge des christlichen Antisemitismus.

Dies ist also eine Kette von Folgen. Und für die jeweils Betroffenen haben
immer »die Anderen« Schuld. Wann kommt endlich haKadosch Baruch hu[58]*,*
um wie bei Chad Gadja[59] *zu sagen »Schluss jetzt. Es reicht! Die Spirale des*
Leidens muss aufhören?«

Er wird nicht kommen, wir müssen das selbst machen. Dazu muss jeder vor
seiner Tür kehren, sich offen für das Leid des anderen zeigen, und daher sage ich
allen, die es hören wollen: Die Vertreibung der arabischen Bevölkerung 1948,
die folgende Enteignung ihres Grund und Bodens war ein großes Unrecht.

Wie geht man mit solchem Unrecht um? Ich gebe Ihnen ein Beispiel aus
meiner Familie. Mein Urgroßvater Leopold Löwenstein, Lederhändler in
Berlin, kaufte in den 20er Jahren ein Grundstück in Berlin-Treptow. Dieses
wurde in den 30er Jahren arisiert. Leopold Löwenstein wurde ermordet, wie
seine Tochter Hanna (meine Großmutter) und viele andere meiner Verwandten.
Dies soll hier außer Betracht bleiben, es geht mir »nur« um die Vertreibung
und Enteignung. Wie geht nun der deutsche Staat damit um, in Gestalt des
»Amts für Offene Vermögensfragen« (da Treptow in der DDR lag)? Er sagt
meiner Mutter, die Leopold Löwenstein noch gut kannte, und den anderen
Erben: »Das war ein großes Unrecht.« Ohne das geht es nicht, ohne dieses
Eingeständnis ist kein Frieden möglich. Zweitens sagt er: »Ihr werdet das
Grundstück nicht zurückbekommen. Hier sind inzwischen Wohnblocks er-
richtet, über Grundstücksgrenzen hinweg. Eine Wiederherstellung der alten
Besitzverhältnisse würde nur Unfrieden schaffen.« Drittens sagt er: »Aber
selbstverständlich habt Ihr Anspruch auf eine Entschädigung.«

---

58   Der »Heilige-Gesegnet-sei-er«: Gängige Umschreibung für Gott, so auch im
      Lied Chad Gadja

59   Am Ende des »Sseder« (der Feier des ersten Pessach-Abend) singt man – schon
      etwas beschwipst – traditionellerweise das Lied von »Chad Gadja«, dem »ei-
      nen Zicklein«: Das Zicklein wird von der Katze gefressen, diese vom Hund
      zerbissen, dieser vom Stock erschlagen, und so geht das noch viele Stufen wei-
      ter, bis am Ende Gott dem verrückten Treiben ein Ende macht.

So könnte man Frieden schaffen in Palästina: Anerkennung der Würde der Palästinenser, Eingeständnis des großen Unrechts der Vertreibung, Entschädigung der Eigentumsverluste.

Wenn der Staat Israel nicht diesen Weg geht und den Frieden sucht, dann wird es diesen Staat wahrscheinlich in hundert Jahren nicht mehr geben und – schlimmer noch – das Judentum wird sicherlich immer mehr eine platte volkstümelnde, nationalistische Herrschaftsideologie und von niemandem mehr als eine moralische Instanz ernst genommen werden.

Mit freundlichen Grüßen

Rolf Verleger

TEIL 4

Der Krieg gegen Gasa

Vorbemerkung zum vierten Teil

Die zweite Auflage dieses Buches sollte im Januar 2009 gedruckt werden, da begann Israel den Krieg gegen Gasa.

Der Krieg zeigt, wie schrecklich weit sich Israel in seinen Irrweg verrannt hat. Der Krieg zeigt auch, wie bitter nötig es gewesen wäre, dass Israel schon früher von der Europäischen Union anhand des Völkerrechts auf klare Grenzen verwiesen worden wäre. Drei Kapitel füge ich hier aus diesem Anlass an. Es werden, so ist zu befürchten, leider nicht die letzten Kapitel dieses Irrwegs sein.

KAPITEL 16

Du sollst kein falsches Zeugnis ablegen wider Deinen Nächsten

Bekanntlich begann der Irakkrieg von 2003 mit einer Lüge.

George W. Bush, Präsident der Vereinigten Staaten von Amerika, behauptete mit Hilfe seines Außenministers, Colin Powell, der Irak habe Massenvernichtungswaffen, der Irak bedrohe damit sowohl seine unmittelbare Umgebung im Besonderen als auch den Weltfrieden im Allgemeinen, und der Irak habe irgendetwas mit der Organisation El-Qaida zu tun. Daher sei es höchste Pflicht eines jeden ehrbaren Menschen, gegen den Irak Krieg zu führen.

Die Unwahrheit dieser Behauptungen war offensichtlich. Trotzdem gab es genügend Politiker und Journalisten, auch in Deutschland, die diese Märchen gerne nachplapperten. Inzwischen sagt Colin Powell, dass es ihm leid tue.

Ebenso begann der Krieg Israels gegen Gasa im Dezember 2008 mit einer Lüge.

Premierminister Olmert, Armeeminister Barak und Außenministerin Livni behaupteten, dass der Raketenbeschuss israelischer Städte aus dem Gasa-Streifen unerträglich geworden und nicht anders zu stoppen sei als mit massivem israelischem Eingreifen.

Die Unwahrheit dieser Behauptungen war ebenso offensichtlich wie bei den Lügen des George W. Bush. Wieder gibt es genügend Politiker und Journalisten, diesmal gerade und besonders in Deutschland, die diese Märchen gerne nachplappern. Bisher habe ich noch von keinem gehört, dass es ihm leid tue.

Hier sind die Zahlen über Raketeneinschläge auf israelischem Territorium im Jahre 2008. Die Quelle dieser Zahlen ist die website des israelischen Außenministeriums www.mfa.gov.il (Stand vom 14. Januar 2009). Die Punkte auf der x-Achse sind die Monate des Jahres 2008; der Juni ist unterteilt, da am 19. Juni eine wesentliche Änderung eintrat. Die Werte auf der y-Achse sind die Anzahl der niedergegangenen Einschläge.

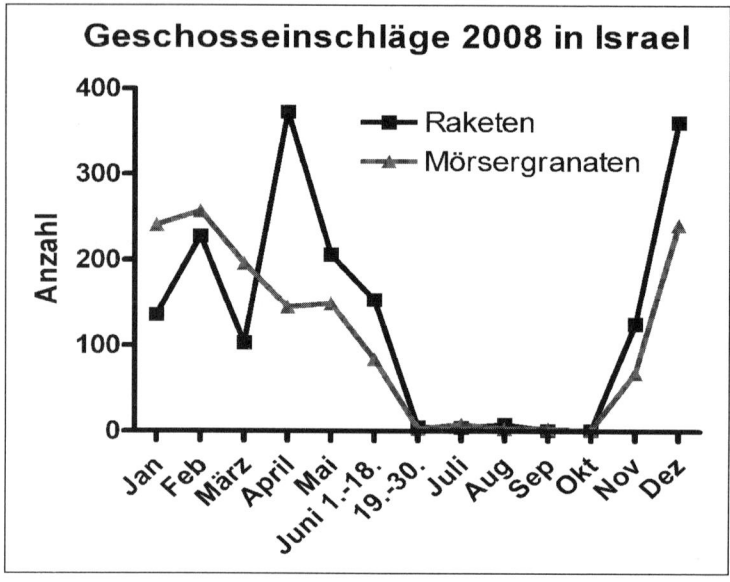

Die Zahl der Einschläge dieser Geschosse war also vom 19. Juni bis 31. Oktober auf fast 0 zurückgegangen.

Kann man dann wirklich sagen »Der Krieg Israels erfolgte als Reaktion auf den fortwährenden Raketenbeschuss der … Hamas auf israelische Städte und Dörfer« (Gregor Gysi, Bundestagsfraktionsvorsitzender der Partei Die Linke, Frankfurter Rundschau 7.1.09)? Wo ist denn der »fortwährende Raketenbeschuss« geblieben, vom 19. Juni bis zum 31. Oktober?

Und wenn es eine nicht-kriegerische Methode gab, diesen Raketenbeschuss für mehr als vier Monate zum Verschwinden zu bringen, warum ging dann diese Methode nicht mehr ab November?

Ist der Anstieg der Zahlen ab November wirklich Folge einer »einseitigen Aufkündigung des Waffenstillstands durch die Hamas« (Gysi, a.a.O.)?

Eine sachkundige Erklärung dieses Zahlenverlaufs gibt der ehemalige US-Präsident Jimmy Carter in seinem Artikel »An Unnecessary War« (Washington Post vom 8.1.2009, Übersetzung aus dem Englischen durch den Verfasser):

Ich weiß aus persönlicher Beteiligung, dass Israels verheerende Invasion nach Gasa leicht hätte vermieden werden können.

Nach einem Besuch in Sderot im letzten April, unter dem Eindruck der ernsten psychologischen Schäden durch die in diesem Gebiet niedergehenden Raketen, erklärten meine Frau Rosalynn und ich die Abschüsse aus Gasa für unverzeihlich und als Akt von Terrorismus. Obwohl es wenige Opfer gab (drei Todesfälle in sieben Jahren), war die Stadt durch die unvorhersagbaren Explosionen traumatisiert. Ca. 3000 Bewohner waren in andere Gemeinden gezogen, und die Straßen, Spielplätze und Einkaufszentren waren fast leer. Bürgermeister Eli Moyal versammelte für unser Treffen eine Gruppe von Bürgern in seinem Büro und beklagte sich, dass die israelische Regierung den Raketen nicht ein Ende setze, sei es durch Diplomatie oder durch militärische Maßnahmen.

Da wir wussten, dass wir bald Hamas-Führer aus Gasa und in Damaskus sehen würden, versprachen wir, die Aussichten auf einen Waffenstillstand auszuloten. Vom ägyptischen Nachrichtendienstchef Omar Suleiman, der Verhandlungen zwischen Israelis und Hamas vermittelte, erfuhren wir, dass es zwischen beiden Seiten einen fundamentalen Meinungsunterschied gab. Hamas wollte einen umfassenden Waffenstillstand sowohl in der West Bank als auch in Gasa, Israel weigerte sich, über etwas anderes als Gasa zu diskutieren.

Wir wussten, dass die 1,5 Mio. Einwohner Gasas ausgehungert wurden, da der UN-Sonderberichterstatter zum Recht auf Nahrung den Befund erhoben hatte, dass die akute Unterernährung in Gasa im selben Bereich lag wie bei den ärmsten Nationen in der südlichen Sahara; mehr als die Hälfte aller palästinensischen Familien hatten nur eine Mahlzeit am Tag.

Die palästinensischen Führer aus Gasa blieben in allen Sachfragen unverbindlich und nahmen für sich in Anspruch, dass Raketen der einzige Weg seien, um auf ihre Gefängnissituation zu reagieren und um ihre humanitäre Notlage in Szene zu setzen. Die Hamas-Spitze in Damaskus jedoch war bereit, einen Waffenstillstand nur in Gasa zu erwägen, vorausgesetzt Israel würde Gasa nicht angreifen und die Lieferung normaler humanitärer Güter an die palästinensischen Bürger gestatten.

Nach ausgiebigen Diskussionen mit den Hamas-Führern aus Gasa stimmte die Führung auch zu, jede Friedensvereinbarung zu akzeptieren, die zwischen den Israelis und dem Präsidenten der palästinensischen Behörde Mahmud Abbas, der auch Vorsitzender der PLO ist, ausgehandelt würde, vorausgesetzt sie würde von einer Stimmenmehrheit der Palästinenser bei einem Referendum oder durch eine gewählte Einheitsregierung gebilligt.

Da wir nur Beobachter waren, keine Unterhändler, ließen wir diese Information den Ägyptern zukommen, und sie verfolgten diesen Waffenstillstandsvorschlag. Nach etwa einem Monat informierten uns die Ägypter und Hamas, dass alle Militäraktionen beider Seiten und alle Raketenabschüsse am 19. Juni aufhören würden, für einen Zeitraum von sechs Monaten, und dass humanitäre Lieferungen auf das normale Niveau gebracht würden, das vor Israels Rückzug 2005 bestand (ca. 700 Lastwagen pro Tag).

Wir waren nicht imstande, dafür in Jerusalem eine Bestätigung zu erhalten, wegen des Unwillens Israels, irgendwelche Verhandlungen mit der Hamas zuzugeben, aber die Raketenabschüsse endeten zeitnah und es gab einen Zuwachs an Lieferungen von Nahrungsmitteln, Wasser, Medikamenten und Treibstoff. Jedoch resultierte dieser Zuwachs im Durchschnitt nur in 20 Prozent des normalen Niveaus. Und diese fragile Waffenruhe wurde zu einem Teil am 4. November gebrochen, als Israel einen Angriff nach Gasa startete, um einen Verteidigungstunnel zu zerstören, den Hamas innerhalb der Mauer, die Gasa umschließt, bauen ließ.

Bei einem weiteren Besuch in Syrien Mitte Dezember bemühte ich mich um Ausdehnung des nahenden Endes der Sechs-Monats-Frist. Es war klar, die herausragende Sachfrage war die Öffnung der Übergänge nach Gasa. Vertreter des Carter-Zentrums besuchten Jerusalem, trafen sich mit israelischen Offiziellen und fragten, ob dies im Austausch für ein Ende der Raketenabschüsse möglich wäre. Informell schlug die israelische Regierung die Möglichkeit von 15% der normalen Lieferungen vor, wenn die Hamas als Erstes alle Raketenabschüsse für 48 Stunden einstellte. Dies war für die Hamas unakzeptabel, und die Feindseligkeiten brachen aus.

Kann man dies eine »einseitige Aufkündigung des Waffenstillstands durch die Hamas« nennen?

Wie kann man angesichts der hier berichteten Tatsachen, angesichts der Zahlen über die Raketenabschüsse 2008, angesichts der Zahlen über die chronische Aushungerung Gasas behaupten, Schuld an ihrer Bombardierung habe einzig und allein die Hamas-Bewegung? Wie kommen sie alle zu dieser Behauptung, der Fraktionsvorsitzende der Linken, der Generalsekretär der FDP, der Geschäftsführer der »Grünen«-nahen Heinrich-Böll-Stiftung, der außenpolitische Sprecher der SPD, der außenpolitische Sprecher der CDU, der Außenminister, die Bundeskanzlerin? Wie können sie eifrig mit dem Kopf nicken bei der Frage »Hat ein Staat das Recht, seine Bürger vor Raketenbeschuss zu schützen?« und nicht merken, dass die Frage dazugehört »Hat ein Staat das Recht, eine Bevölkerung seit drei Jahren zu belagern und auszuhungern?«

Amnesty International schrieb schon 2006 in ihrem Jahresbericht über Israel und die besetzten Gebiete unter der Überschrift »Kriegsverbrechen«: »Die unverhältnismäßigen und willkürlichen Restriktionen, die die israelische Armee gegen den Waren- und Personenverkehr in den Gazastreifen hinein und von dort hinaus verhängt, stellen außerdem eine kollektive Bestrafung der gesamten Bevölkerung dar. Diese verstößt gegen die Vierte Genfer Konvention, die eine Bestrafung von Personen für Verbrechen, die sie nicht begangen haben, untersagt.«

Wie bei George W. Bush gibt es auch bei unseren Politikern zwei Möglichkeiten. Entweder sie sagen bewusst die Unwahrheit, obwohl sie die Fakten kennen. Oder sie kennen diese einfachen und jedermann zugänglichen Fakten nicht; dann würden sie sich Entscheidungsbefugnis anmaßen über Dinge, von denen sie im Grunde keine Ahnung haben.

Kräftige Mithilfe bei der Verdrehung der Realität leistete in den letzten drei Jahren die Journalistenzunft.

Eine besonders grobe Verdrehung der Wahrheit war der Satz, der Gasa-Streifen sei seit der Machtübernahme der Hamas »abgeriegelt«. Ich habe häufig Berichte gelesen, in denen dadurch offensichtlich mit Absicht der Eindruck erweckt wurde, eine fanatische, weltfeindliche, fundamentalistische Sekte namens »Hamas« habe ihre Bevölkerung im Gasa-Streifen eingeriegelt und lasse sie nicht hinaus: Elegant die Opfer zu Tätern gemacht. In Wirklichkeit ist zentrales politisches Anliegen der Hamas, endlich die Öffnung der Übergänge nach Gasa zu erreichen. Dies bestätigt Jimmy Carter in seinem obigen Bericht. Drolligerweise bestätigt dies auch das israelische Außenministerium auf seiner web site www.mfa.gov.il; dort sind in anklägerischer Absicht die Aussagen führender Hamas-Leute im Wortlaut abgedruckt, man hoffe, mit friedlichen Massendemonstrationen Israel zur Grenzöffnung zu zwingen.

Beliebt ist auch die Formulierung »seit der gewaltsamen Machtübernahme der Hamas 2007«. Dadurch wird der Eindruck erweckt, die Hamas sei nicht durch Wahlen legitimiert. Richtig ist vielmehr, dass die Hamas nach fairen demokratischen Wahlen die Stimmenmehrheit bekam und daher 2006 die Leitung der Autonomiebehörde in Gasa und der West Bank übernahm. Israel begann daraufhin mit der totalen Blockade des Gasa-Streifens, steckte, wie in Kap. 7 erwähnt, Minister und Parlamentarier aus der Hamas ins Gefängnis und tötete 2006 durch Bombardement des Gasa-Streifens Hunderte von Menschen. Schließlich belieferten die USA, mit Unterstützung von Teilen der bei den Wahlen unterlegenen PLO und von Israel, den Warlord Mohamed Dahlan in Gasa mit Waffen, Geld und Logistik, mit dem Ziel eines Putsches gegen die gewählte Regierung (ausführlich dokumentiert von der US-Illustrierten *Vanity Fair* April 2008, www.vanityfair.com/politics/features/2008/04/gaza200804). Die Hamas kam diesem geplanten Putsch durch einen Gegenputsch 2007 bevor und regiert seitdem mit einer Art Notstandsregime, weiterhin als die durch Wahlen legitimierte Regierung. Statt »seit der gewaltsamen Machtübernahme der Hamas 2007« muss es also korrekt heißen entweder »seit dem fehlgeschlagenen Putsch gegen die Hamas 2007« oder »seit der Regierungsübernahme durch die Hamas 2006«.

Selbstverständlich kommt kein Artikel über die Hamas ohne schmückende Beiwörter wie »islamistisch-extremistisch« oder »radikalislamistisch« aus. So wird andauernd der Eindruck erweckt, die Hamas-Leute hätten – neben ihrer religiösen Ausrichtung, die man verurteilen mag oder nicht – nicht auch das Wohl der von ihnen vertretenen Palästinenser im Auge.

Ein kleines aussagekräftiges Beispiel, wie Diskussionen über die große Einigkeit zur Hamas-Alleinschuld und zu diesem Krieg unter den Tisch gekehrt werden: Bei »Anne Will«, der wichtigsten politischen Diskussionssendung im deutschen Fernsehen, war vorgesehen für Sonntag Abend, 11.1.09, eine Diskussion über Gasa mit Daniel Barenboim (Israeli und weltberühmter Musiker, der sich seit Jahren klar gegen Israels Sackgassenpolitik ausspricht), Joseph Fischer (Ex-Außenminister, Befürworter des Gasa-Krieges im Interview mit Zeit-Online, 7.1.09), Avi Primor (ehemaliger israelischer Botschafter in Deutschland; Befürworter einer friedlichen Regelung, zumindest skeptisch gegenüber dem Nutzen des Gasa-Krieges), Frau Dr. Sumaya Farhat-Naser (Dozentin an der palästinensischen Bir-Zeit-Universität, Autorin mehrerer deutschsprachiger Bücher über den Konflikt). Die Flugkarte für Frau Farhat-Naser war bereits bezahlt, da wurde die Sendung vier Tage vor dem Termin abgesagt und stattdessen eine Diskussion über das Thema »Selbsttötung« organisiert. Barenboim und Frau Farhat-Naser durften stattdessen im Nischenprogramm 3sat am späten Montagabend kurze Stellungnahmen abgeben.

KAPITEL 17

Du sollst nicht morden

Lassen wir als Gedankenexperiment Israels schlimmste Befürchtungen wahr werden. Das iranische Heer hat einen Belagerungsring um den Großraum Tel-Aviv gelegt. Der Flughafen ist zerstört, Hafenanlagen sind zerschossen, Nahrungsmittel kommen nur noch hilfsweise über UN-vermittelte Programme in die Großstadt, Strom gibt es nur noch stundenweise. Nach und nach zerhacken die Tel-Aviver alle Bäume zu Brennholz, Autos verrotten, die meisten essen nur noch einmal am Tag. Die Iraner bombardieren Militär- und Polizeianlagen, und dies verursacht im dichtbesiedelten Tel-Aviv Hunderte Tote. Die Eingeschlossenen wollen nicht wie die Lämmer zur Schlachtbank gehen, sondern wehren sich mit den primitiven Mitteln, die ihnen trotz der Blockade zur Verfügung stehen. Dies will sich die iranische Truppe nicht mehr länger gefallen lassen, beginnt eines Tages erneut mit schweren Bombardements, die aber diesmal nicht aufhören, sondern denen eine Invasion der iranischen Panzer mit schweren Waffen folgt. Die Iraner sagen, sie würden nur die Anführer des Widerstands vernichten, das sei legitim, dies sei bekanntlich eine Bande von Terroristen. Synagogen werden zerbombt, als mögliche Treffpunkte jüdischen Widerstands. Eine Gruppe von hundert Männern wird in eine leere Schule getrieben, die dann solange beschossen wird, bis viele von ihnen tot sind. Tausende Einwohner werden in den ununterbrochenen Kämpfen verletzt, viele sterben an Entkräftung, Verletzungen und Mangelerscheinungen. Der Tod liegt über Tel-Aviv.

Israels schlimmste Befürchtungen sind glücklicherweise eine Fantasie. Aber dieses Tel-Aviv der Fantasie ist das Gasa von Januar 2009.

Jimmy Carter beschreibt dies in seinem obenerwähnten Artikel:

Nach 12 Tagen »Kampf« berichteten die israelischen Verteidigungskräfte, dass 1000 Ziele beschossen oder bombardiert waren. Währenddessen wies Israel internationale Bemühungen um eine Feuerpause zurück, mit voller Unterstützung aus Washington. Siebzehn Moscheen, die amerikanische Internationale Schule, viele Privathäuser und ein großer Teil an grundlegender Infrastruktur des kleinen, aber dicht bevölkerten Gebiets sind zerstört. Dazu gehören die Versorgungssysteme für Wasser, Elektrizität und Abwasser. Die couragierten medizinischen Freiwilligen aus vielen Nationen berichten von schweren Verlusten an Menschenleben, während diejenigen, die noch Glück hatten, die Verwundeten beim Licht Diesel-betriebener Generatoren operieren.

Das Irritierende an Israels Angriff auf Gasa ist unter anderem, dass er aussieht wie ein gigantisches Pogrom.

Es wurde viel gerätselt über Israels strategische Ziele bei diesem Krieg gegen Gasa. Rational schien das alles nicht zu sein. Und so ist es auch. Ein Pogrom ist irrational. Das Motiv eines Pogroms ist der pure Hass. Ein Pogrom hat eine klare Aussage an die überlebenden Opfer: »Wir wollen Euch hier nicht. Haut ab!«. So war es in Kischinew 1903 und 1905, in Berlin 1938, in Kielce 1946, und so ist es nun in Gasa 2009.

Es wird in Deutschland unterschätzt, mit welchem Hass in Israel über Palästinenser gesprochen wird. Mein e-mail-Partner in Kapitel 14 ist aber kein Einzelfall. Da in Israel systematisch die Nakba – also die Vertreibung und Enteignung der Palästinenser ab 1947 – verschwiegen und heruntergespielt wird, verstehen die meisten Israelis nicht, was die Palästinenser gegen sie haben. »Wir geben ihnen Strom und Wasser, und sie beschießen uns.« Ein israelischer Psychologieprofessor, mir bekannt seit vielen Jahren als eher links orientiert, skeptisch gegenüber Militärmacht, sagte mir im September 2008, er habe die Palästinenser satt. Wenn es denn eine Möglichkeit gäbe, Israel dadurch Frieden und Ruhe zu verschaffen, dass zehn Meilen um Israels Grenzen verbrannte Erde geschaffen und alles Leben ausgelöscht würde, dann solle Israel das tun.

»Haut ab! Soll sich doch Ägypten um Euch kümmern! Geht doch nach drüben! Es ist uns egal, ob Ihr lebt oder krepiert!« Das ist die israelische Botschaft an Gasa. Und es wird so getan dabei, als lebten die Palästinenser in dieser überbevölkerten Stadt vor allem aus einem Grund: Um als Fremdlinge den friedlichen Einwohnern Israels das Leben schwer zu machen. Es sind aber keine Fremdlinge, sondern in ihrer Mehrheit die Nachkommen der früheren Einwohner des heutigen Israels: Flüchtlinge und Vertriebene aus Israel vor, bei oder nach der Staatsgründung. Wie Beni Ziper, Redakteur bei der Tageszeitung Ha'Aretz in seinem Blog berichtet[60], kann man im Geschichtsmuseum der Stadt Ashkelon (das bis 1948 eine Moschee gewesen sei) alles darüber erfahren, wie man 1953 (!) die Araber, die 1948 noch in der Stadt geblieben waren, deportierte. »Ich denke«, schreibt Ziper über den freundlichen Museumswärter, der ihm alles gerne zeigt, »dieser Mann stellt keine Verbindung her zwischen der Tatsache, dass Kassamraketen in Ashkelon landen, und der Tatsache, dass arme Palästinenser, die niemandem etwas getan hatten, auf Lastwagen geladen und aus der Stadt vertrieben wurden, nach Gasa, vor fünfundfünfzig Jahren. Und seitdem sind sie dort und Ashkelon ist hier. Und das geschah nicht während des Krieges, in der Hitze des Gefechtes, sondern aus kalter Berechnung, dass man die Gegend ethnisch bereinigen müsse. Es gibt ein Bild in diesem Museum, und darauf sieht man die Palästinenser sitzen und warten, vor dem Haus der Militärverwaltung.«

Gasa ist offenbar nicht weit genug weg. Die Palästinenser sollen ganz weg, das ist der irrationale Gedanke, der vielleicht nicht Grundlage des israelischen Regierungsbeschlusses ist, aber breite Zustimmung bei der israelischen Wählerschaft finden kann und daher Wahlstimmen für die Kriegsorganisatoren verspricht.

Das Pogrom wird damit begründet, dass die Hamas eine »Terrororganisation« sei. Ihr müsse nun ein für alle Mal eine Lektion erteilt werden. Der Angriff gegen Gasa habe vor allem dieses eine Ziel, diese »Terrororganisation« zu stürzen. Nun ist aber die Hamas

---

60   Danke an Abraham Melzer für den Hinweis und die Übersetzung aus dem
      Hebräischen.

weit mehr als eine Organisation zum Abschießen von Raketen. Die Hamas ist eine religiös-politische Partei, unterhält soziale und karitative Organisationen und hat als politische Vertretung die Mehrheit der palästinensischen Stimmen erhalten. Wenn die Hamas eine Terrororganisation ist, die mit ihren primitiven Raketen, die glücklicherweise meistens auf dem Feld landen, in den letzten Jahren leider ungefähr zehn Menschen getötet hat, was ist dann die israelische Regierung, die nun im Januar 2009 allein in den letzten zwei Wochen ungefähr eintausend Menschen umbringen ließ? Kann »Krieg gegen den Terror« jeden Irrwitz rechtfertigen? Wieso ist es ein todeswürdiges Verbrechen, Mitglied der Hamas-Administration zu sein?

Hamas-Funktionäre können machen, was sie wollen, man darf sie offensichtlich immer töten. Ein erster großer, öffentlich gefeierter Erfolg war der Volltreffer auf das Wohnhaus des Hamas-Funktionärs Nisar Rayan am Neujahrstag. Er war auch so unverschämt, sich nicht zu verstecken. Er war einfach in seinem Haus mit seiner großen Familie geblieben. (Die Presse berichtete genüsslich, dass er mehrere Frauen hatte, das ist natürlich todeswürdig.) Vielleicht war er so verzweifelt, wie der Fuchs in der Falle, dass er nicht mehr klar denken konnte. Vielleicht hatte er darauf vertraut, dass Israel als eine zivilisierte Nation das Völkerrecht beachten würde. Vielleicht machte er sich keine Illusionen und erwartete seinen Tod in Würde.

Wenn ich lese, wie so ein Hamas-Funktionär in seinem Tod auch noch verspottet wird – dass es eine besondere Infamie von ihm gewesen sei, sich nicht zu verstecken –, dann kann ich nicht anders, dann fallen mir die zynischen Bemerkungen der Nazis ein, mit denen sie ihre Opfer noch über den Tod hinaus in den Dreck zogen.

Amnesty International schrieb bereits im Jahresbericht 2006: »Anstatt gesuchte Palästinenser festzunehmen und strafrechtlich zu belangen, verfolgt die israelische Regierung seit geraumer Zeit die Strategie der extralegalen Hinrichtung dieser Personen. Obwohl bei solchen Übergriffen oft mehr unbeteiligte Zivilisten als bewaffnete Kämpfer ums Leben kommen, stellt die israelische Armee diese Angriffe beschönigend als ‚gezielte Tötungen‘ dar.«

Israels Regierung und Militär wissen, dass sie gegen die Regeln der Kriegsführung verstoßen. Deshalb wollen sie keine Zeugen haben. Journalisten wurde die meiste Zeit während dieses Kriegs der Zutritt zum Gasa-Streifen verwehrt, trotz einer gegenteiligen Anweisung des israelischen obersten Gerichts. Dies ist nicht die erste Gerichtsentscheidung, die von der israelischen Regierung einfach ignoriert wird.

Die von Israel aktuell begangenen Kriegsverbrechen werden die Länder des Nahen Ostens auf Jahre und Jahrzehnte hinaus belasten.

Aber es wird nicht auf ewig sein. Sechzig Jahre nach Hitlers Ende kommen jetzt junge Juden aus aller Welt gerne nach Berlin. Es bleibt uns die Hoffnung, dass in sechzig Jahren Palästinenser und Araber ohne Rachegefühle gerne durch Tel-Aviv flanieren werden.

KAPITEL 18

Der böse, böse Nachbar: Eine Fabel über Israels Berechtigung für den Gasa-Krieg[61]

Was würden Sie tun – so schrieb am 31. Dezember 2008 die israelische Geschichtswissenschaftlerin Prof. Fania Oz-Salzberger in der Frankfurter Allgemeinen Zeitung (FAZ) – wenn Ihr Nachbar immerzu Steine und Molotowcocktails auf Ihre Wohnung wirft? Würden Sie nicht irgendwann zum Gewehr greifen, um diesem Treiben ein Ende zu machen? Und wenn sich der Nachbar mit seinen Kindern umgibt, damit Sie ihn nicht treffen, würden Sie dann nicht sogar ein Gewehr mit Zielfernrohr nehmen? Just so wie dieser Nachbar verhalte sich die Hamas in Gasa, wenn sie israelische Städte mit ihren Sprengstoffraketen beschieße. Daher sei der jetzige Krieg Israels gegen Gasa ein gerechter Krieg.

Mit diesem schönen Beispiel vom Leser und seinem Nachbarn kann man tatsächlich vieles anschaulich klarmachen. Nennen wir der Einfachheit halber Sie und Ihre vom bösen Nachbarn terrorisierte Familie die Hausbesitzer und betrachten wir nun die merkwürdigen Verhältnisse im Wohnblock. Die Nachbarswohnung ist Gasa.

1) Sie haben vor drei Jahren dem Nachbarn die Schlüssel abgenommen.

Ohne Ihre Zustimmung als Hausbesitzer darf die Nachbarsfamilie nicht aus ihrer Wohnung heraus, weder zum Arbeiten, noch zum Studieren, noch zum Verreisen, noch zum

---

61   Zuerst veröffentlicht auf www.hintergrund.de; hier leicht modifiziert.

Einkaufen. Ohne Ihre Zustimmung als Hausbesitzer bekommt
der Nachbar keine Post, nichts zu essen, keinen Strom, kein
Gas und keinen Besuch: Die Wohnung ist abgeschlossen, Sie als
Hausbesitzer haben den Schlüssel, und der böse, böse Nachbar
ist eingeschlossen. Und zwar seit 2006, seit fast drei Jahren.
Da bekam der böse, böse Nachbar eine Wut.

Der Fehler des bösen, bösen Nachbarn und seiner Freunde im
anderen Wohnblock: Diese Leute haben die falsche Partei gewählt.

Dabei waren Sie doch so nett zu dem Nachbarn gewesen,
dass Sie vor vier Jahren, 2005, freiwillig von seinem Balkon mit
Seeblick ausgezogen waren, den Sie ihm mal früher abgenommen
hatten. Allerdings eines Blickes oder Wortes gewürdigt hatten Sie
diesen Typen bei Ihrem Auszug natürlich auch nicht. Und die
Balkonmöbel haben Sie demoliert. Wo kommen wir denn da hin,
wenn wir mit unseren Nachbarn reden würden? Und nun erzählen
Sie aller Welt zwar, dass Sie den Balkon geräumt haben; aber dass
Sie immer noch die Wohnungsschlüssel haben, das sagen Sie nicht.
Da bekam der böse, böse Nachbar eine Wut.

2) Sie haben vor zwei Jahren dem Nachbarn eine Schlägergang geschickt.

Sie und Ihre nordamerikanischen Freunde vom Haus-
besitzerverband hatten 2007 eine Schlägertruppe in der
Nachbarswohnung einquartiert, die Mohamed-Dahlan-Gang.
Die sollte dem bösen, bösen Nachbarn die Wohnung wegnehmen. Gemeinerweise wehrte sich der Nachbar erfolgreich.
Da waren Sie ganz schön sauer. Danach haben Sie allen weis-
zumachen versucht, der böse, böse Nachbar habe nun ohne
jeden Grund gewaltsam die Macht in seiner Wohnung über-
nommen und sei dazu nicht legitimiert. Sie waren selbst überrascht, wie viele Journalisten diese Lüge gerne verbreitet
haben. Bei Silke Mertins aus der taz war es ja vielleicht
noch zu erwarten, aber dass auch Torsten Schmitz von der
Süddeutschen diesen Unsinn schreiben würde, war verblüffend.
Da bekam der böse, böse Nachbar eine Wut.

3) Sie haben die Betriebskosten nicht korrekt abgerechnet.

Seit Jahren werden die dem Nachbarn zustehenden Zahlungen aus Zöllen und Abgaben von Ihnen als Hausbesitzer zwar einkassiert, aber dem Nachbarn nicht termingerecht und vollständig ausgezahlt. Da bekam der böse, böse Nachbar eine Wut.

4) Sie haben schon viele Personen aus der Nachbarswohnung umgebracht.

Das war im Jahre 2006. Es waren Hunderte Tote in der Nachbarwohnung. Glücklicherweise war kein Südwind, sonst hätte es bis in Ihre Wohnung gestunken. Da bekam der böse, böse Nachbar eine Wut.

5) Sie haben dem Nachbarn seine Arbeit und sein Auto weggenommen.

Der Nachbar ging mal auf Fischfang. Das haben Sie ihm verboten. Er hatte mal Fabriken. Die haben Sie ihm 2006 zerbombt. Er hatte mal Landwirtschaft. Die haben Sie ruiniert, indem Sie den Export verboten haben. Er hatte mal einen Flughafen – gebaut von EU-Geldern. Den haben Sie kaputtgemacht:

Böse Nachbarn brauchen keinen Flughafen. Der böse Nachbar, der nur schießen will, soll nicht fischen, nicht arbeiten, nicht Boden beackern, nicht verreisen: Der böse, böse Nachbar soll auf Sie schießen, damit Sie zurückschießen können. Das tat er denn auch.

6) Gerichte geben dem bösen Nachbarn recht.

Ignorante Auswärtige, angeblich Fachleute für Nachbarschaftsrecht, wie Amnesty International, UN-Experten, Friedensnobelpreisträger sagen die ganze Zeit, Ihr Vorgehen als Hausbesitzer gegenüber Ihrem Nachbarn verstoße gegen Recht und Gesetz. Glücklicherweise haben diese Leute keine Polizei, um ihr sogenanntes Recht und Gesetz durchzusetzen. »Wieviele Divisionen hat der Papst?« sagte schon Stalin. Da bekam der böse, böse Nachbar eine Wut.

7) Sie vertreiben seit Jahren die Freunde des bösen Nachbarn aus
ihren Wohnungen.

Leider hat der böse Nachbar immer noch Handys und Telefone.
Daher erfährt er tagtäglich, wie Sie die Freunde und Verwandten
des bösen Nachbarn, die im Wohnblock Westjordanland leben,
aus ihren Wohnungen vertreiben. Ein praktisches Mittel dazu ist
die große Wand, die eigentlich zu Ihrem Schutz dienen sollte –
das haben Sie jedenfalls in Ihrem Bauantrag gesagt. Aber tatsächlich haben Sie diese Wand nicht um Ihre Wohnung herum gebaut, sondern quer durch die Wohnungen dieser Freunde. Was
brauchen die auch zwei Wohnzimmer? Eins reicht völlig, im
anderen können doch lieber Ihre Freunde wohnen – demente US-
Amerikaner, die so vergesslich sind, dass sie schon nach einem Tag
in der fremden Wohnung behaupten, das sei ihre wahre Heimat.
Und dass die Verwandten des bösen Nachbarn in ihrer eigenen
verkleinerten Wohnung durch eine Sicherheitskontrolle müssen,
bevor sie vom Wohnzimmer ins Bad gehen, da ist doch nichts
dabei: Das ganze Leben ist schließlich ein Wartesaal! Und wer dagegen friedlich demonstriert, der bekommt zwar in Deutschland
den Ossietzky-Preis, aber zuhause wieder Tränengas, und wenn
er Pech hat, wird er wegen Demonstrierens in Putativnotwehr
erschossen. Natürlich gingen die Freunde des bösen Nachbarn
wegen der Wand durch ihre Wohnung vors Gericht, der damalige
deutsche Außenminister, ein bräsiger Mann namens Fischer,
nannte dies »nicht hilfreich«, sie bekamen zwar selbstverständlich
recht, aber wieder ist keine Polizei da, die dieses Recht durchsetzt.
Da bekam der böse, böse Nachbar eine Wut.

8) Sie haben dem Nachbarn vor 60 Jahren den Hausbesitz weggenommen.

Vor langer, langer Zeit war der Großvater des Nachbarn Besitzer
des ganzen Hauses gewesen. Damals sind Ihre Großeltern in das
Haus gekommen, verzweifelt, verfolgt, es war ein guter Schutz vor
dem Sturm. Sie haben bald auf dem Hof eine Wohnung gebaut,
der Hof gehörte ja schließlich keinem, nicht wahr; dass die anderen
dann nicht mehr von einer Wohnung zur andern kamen, nun ja,

sind ja nur Araber. Gelegentlich kamen ein paar humanistische Spinner vorbei, die hießen Achad ha'Am, Martin Buber, Hannah Arendt, es waren noch ein paar mehr, die sagten, man müsse mit den Hausbesitzern in Freundschaft leben, aber um Marx' und Bakunins Willen, diese Araber waren doch zu primitiv für den Aufbau egalitärer Wohnkommunen, mit solchen Landpomeranzen kann man nicht Freund sein. Und später, als Marx nicht mehr in Mode war, da sagte man um Gottes Willen, diese Araber haben ja die falsche Religion, was wollen die überhaupt hier im Heiligen Hause? Gibt doch genug andere Häuser hier, sollen sie doch dahin. Und dann, ab 1947, haben Ihre Eltern den Eltern des bösen, bösen Nachbarn die meisten Wohnungen und das ganze Haus weggenommen, als die vor Angst geflohen waren, in Panik vor dem bewaffneten Terror Ihrer Eltern. Und nun leben viele Nachkommen dieser Leute in der einen Wohnung, im dichtestbesiedelten Fleckchen der Erde, in Gasa. Ja warum nur ist es jetzt so dicht besiedelt? Da bekam der böse, böse Nachbar eine Wut.

Und so sagte die deutsche Bundeskanzlerin und auch Frau Prof. Oz-Salzberger: Die Alleinschuld an diesem Krieg hat nur der böse, böse Nachbar.

9) Nachbemerkung.

Als die ersten jüdischen Zionisten um 1890 in das heutige Israel kamen, da waren sie auf der Flucht vor Diskriminierung im Zarenreich, vor Brandschatzung und Ermordung in Pogromen, auf der Suche nach einem freien, selbstbestimmten Leben, das ihnen in ihrer alten Heimat nicht ermöglicht wurde. Dies war nicht ein Konflikt von Gut gegen Böse, sondern der Streit um ein Stück Land, das den palästinensischen Arabern Heimat war und den Einwanderern als einzig mögliche Heimat erschien.

Gewonnen hat diesen Streit die jüdische Seite, um den Preis des ständigen Kriegszustands. Jedoch der Friedensplan liegt längst auf dem Tisch. Dieser besteht in der Zwei-Staaten-Lösung mit Israels Grenzen von 1967, in einer einvernehmlichen Regelung des Problems der palästinensischen Flüchtlinge, in einer einvernehmlichen Regelung über Jerusalem. Dies haben die Mitgliedsstaaten der arabischen Liga Israel 2002 vorgeschlagen und in jüngster Zeit nochmals bekräftigt. Israel ist damit nicht einverstanden, weil es sich nicht entscheiden kann, ob es das widerrechtlich besetzte Land im Westjordanland nicht lieber behalten und erweitern will. Solange Israel nicht sagt »ja, wir wollen lieber Frieden, wir geben das Besatzungsregime auf«, so lange kann und wird es keinen Frieden geben.

Die Position Deutschlands in diesem Konflikt ist zwiespältig. Aber kann die Tatsache, dass wir europäischen Juden Opfer eines von Deutschen verübten großen Unrechts wurden, dem jüdischen Staat das Recht geben, nun Anderen Unrecht zu tun? Glauben deutsche Politiker wirklich, es sei eine Wiedergutmachung der Ermordung meiner jüdischen Verwandtschaft, dass nun Israel haltlos und bindungslos alles machen darf, was ihm gerade so einfällt? Es würde im Gegenteil Israel unendlich gut tun, wenn es aus seiner fantasierten Position, das ewige Opfer zu sein, herausgeführt und wie jeder andere Staat fest in das internationale Regelsystem des Völkerrechts eingebettet würde. Das heißt, dass die Besetzung des Westjordanlands, die jahrelange Belagerung Gasas und der Massenmord an seinen Einwohnern seit dem 27. Dezember 2008 sanktioniert und boykottiert werden müssen. Die EU sollte Israel ebenso an seinen Fortschritten in Beachtung von Völkerrecht und Menschenrechten messen, wie sie dies – berechtigt oder nicht – mit Serbien und der Türkei tut.

Die rechtliche Bewertung der Fälle Olmert und Barak aber sollte ebenso wie in den Fällen Karadzic und Mladic in Den Haag erfolgen.

Nachwort

Der folgende Leserbrief wurde von der »Süddeutschen Zeitung« am 9. Februar 2008 abgedruckt. Er bezog sich auf die Kolumne »Außenansicht« vom 25. Januar, die Ronald Lauder verfasst hatte, der Präsident des Jüdischen Weltkongresses. Anlass des Beitrags war der Gedenktag vom 27. Januar zur Befreiung des Lagers Auschwitz.

In seinem Beitrag zog Lauder eine direkte Linie von Auschwitz zu heutigen Problemen des Staates Israel, kritisierte Araber und westliche »selbst ernannte Gutmenschen« dafür, dass sie Israel hassen würden, und ermahnte seine Leserschaft, dass schöne Sonntagsreden zum Gedenktag nicht genügen würden, wenn am darauffolgenden Montag die Handelsbeziehungen mit dem Iran fortgeführt werden.

Haben Opfer das Recht, Unrecht zu tun?
Zur »Außenansicht« vom 25.1.2008 (»Sonntagsreden und Montagstaten«)

Mein Vater hatte Auschwitz überlebt, meine Mutter die KZs im Baltikum. Sie zogen mich in der Erkenntnis auf, dass es die Wahl zwischen Gut und Böse gibt und jeder Mensch für seine Taten verantwortlich ist: Sie erzogen mich in der Ethik der jüdischen Religion.

In seiner »Außenansicht« propagierte der Präsident des Jüdischen Weltkongresses eine alternative Ethik. Wir Juden seien vor allem eines: Opfer. Daran solle der Gedenktag 27.1. erinnern. Aktuell sei unser Staat Israel das Opfer unverständlicher Hassausbrüche von Arabern und von »selbst ernannten Gutmenschen«.

Ich würde gern Herrn Lauder fragen: Die Tatsache, dass keiner meiner Großeltern das Dritte Reich überlebt hat – gab sie 1947/48 den jüdischen Freischärlern und der israelischen Armee das Recht, Hunderttausende Araber aus Israel zu vertreiben?

Die »Arisierung« des Berliner Grundstücks meines Urgroßvaters – gab sie dem Staat Israel das Recht, Anfang der 50er Jahre den Boden und Besitz der arabischen Vertriebenen zu konfiszieren?

Die Ermordung meiner Onkel und Tanten durch die SS – gibt sie dem Staat Israel das Recht, seit 40 Jahren die Diktatur eines Besatzungsregimes auszuüben?

Die Erschießung meiner Großmutter Hanna dafür, dass sie in Berlin ohne Gelben Stern zum Friseur ging – gibt sie dem Staat Israel aktuell das Recht, die Bevölkerung Gasas auszuhungern?

Allgemein: Gibt die Tatsache, dass wir europäischen Juden Opfer eines großen Unrechts wurden, dem jüdischen Staat vor Gott und vor den Menschen das Recht, nun Anderen Unrecht zu tun?

Können uns die Sonntagsreden am »Holocaust-Gedenktag« vor dieser Frage schützen?

Prof. Dr. Rolf Verleger

Zitierte Literatur

Achad ha'Am (Ginsberg, Ascher). Umwertung aller Werte. Original 1898. Hier zitiert aus Selzer, 1970, pp. 157-174.

Alter, Jehuda Arje Leib, »Sfas Emes« (Gerer Rebbe). Statement on Zionism. Original 1901. Hier zitiert aus: Selzer, 1970, pp. 19-22.

Arendt, Hannah. Zionism Reconsidered. Original 1945. Hier zitiert aus: Selzer, 1970, pp. 213-249.

Ben-Chorin, Schalom. Bruder Jesus. dtv, München, 14.Auflage, 1992.

Broder, Henryk M., & Lang, Michel R. (Hrsg.) Fremd im eigenen Land. Frankfurt/ M, Fischer-Verlag, 1979.

Brumlik, Micha. Kein Weg als Deutscher und Jude. München, Ullstein, 2000.

Buber, Martin. Die Erzählungen der Chassidim. Zürich: Manesse, 1949.

Campbell, Joseph. Die Masken Gottes, Band 1: Mythologie des Westens. Originalausgabe 1964. dtv, München, 1996.

Carter, Jimmy. Palestine: Peace Not Apartheid. Simon & Schuster, New York, 2006.

Cohen, Mark R. Unter Kreuz und Halbmond: Die Juden im Mittelalter. Verlag C.H. Beck, München, 2005.

de Winter, Leon. Vorwort. In Rosenfeld, A.H.: »Fortschrittliches« jüdisches Denken und der Neue Antisemitismus. Ölbaum Verlag, Augsburg, 2007.

Halter, Marek. Alles beginnt mit Abraham: Das Judentum, mit einfachen Worten erzählt. Zsolnay, 2002.

Heinrich, Christian J., & Wiesengrund, Robert A. (2007) Nachwort. In Rosenfeld, A.H.: »Fortschrittliches« jüdisches Denken und der Neue Antisemitismus. Ölbaum Verlag, Augsburg, 2007.

Jacobson, Bernhard Salomon. Bina BaMikra – die Wochenabschnitte der Tora. Morascha, Basel, 1987.

Kohn, Chaim. Der Prozeß und Tod Jesu aus jüdischer Sicht. Jüdischer Verlag im Suhrkamp-Verlag, Frankfurt/M., 1997.

Kohn, Hans. Zion and the Jewish National Idea. Original 1958. Hier zitiert aus: Selzer, 1970, pp.175-212.

Krojanker, Gustav (Hrsg.): Chaim Weizmann: Reden und Aufsätze 1901-1936. Berlin, Jüdischer Buchverlag Erwin Löwe, 1937.

Leibowitz, Jeschajahu. Gespräche über Gott und die Welt. Herausgegeben von Michael Schaschar. Dvorah-Verlag, Frankfurt, 1990.

Meyer, Hajo G. Das Ende des Judentums: Der Verfall der israelischen Gesellschaft. Melzer-Verlag, Neu-Isenburg, 2005.

Neudeck, Rupert. Ich will nicht länger schweigen. Melzer-Verlag, Neu-Isenburg, 2006.

Pappe, Ilan. Die ethnische Säuberung Palästinas. Zweitausendeins, Frankfurt, 2007.

Rohlfs, Ellen. »Nie wieder!«? Was geschieht eigentlich hinter der Mauer in Palästina? Selbstverlag, 2007.

Rosenfeld, Alvin H. »Fortschrittliches« jüdisches Denken und der Neue Antisemitismus. Ölbaum Verlag, Augsburg, 2007.

Salibi, Kamal. Die Bibel kam aus dem Land Asir. Reinbek, Rowohlt, 1985.

Schneerson, Schulem. (Lubawitscher Rebbe). Statement on Zionism. Original 1903. Hier zitiert aus: Selzer, 1970, pp. 11-18.

Scholem, Gerschom. Die jüdische Mystik in ihren Hauptströmungen. Suhrkamp Taschenbuch, Frankfurt, 1967.

Segev, Tom. 1967: Israels zweite Geburt. Siedler Verlag, München, 2007.

Selzer, Michael (Hrsg.): Zionism Reconsidered: The Rejection of Jewish Normalcy. The Macmillan Company, New York, 1970.

Zertal, Idith, & Eldar, Akiva. Die Herren des Landes. Israel und die Siedlerbewegung seit 1967. DVA, München, 2007.

Danksagung

Ich bedanke mich herzlich bei meiner Tochter Katharina Masal für die kritische Durchsicht des Manuskripts und die vielen konstruktiven Verbesserungsvorschläge und bei meiner Frau Anne für ihre Langmut und für ihre direkte Hilfe durch ihre praktische und theoretische Kompetenz zu zwischenmenschlichen Beziehungen.

Postadresse des Autors

Prof. Dr. Rolf Verleger
Postfach 11 01 37
23534 Lübeck